VETRI IN TAVOLA
I vetri di Murano per la tavola nell'800

GLASS FOR THE TABLE
XIX century Murano glass tableware

VETRI IN TAVOLA
I vetri di Murano per la tavola nell'800

GLASS FOR THE TABLE
XIX century Murano glass tableware

a cura di / *editor*
Puccio Migliaccio

testo di / *text by*
Attilia Dorigato

fotografie / *photographs*
Andrea Morucchio

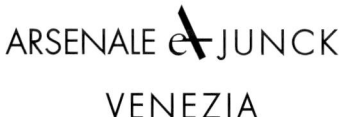

ARSENALE & JUNCK
VENEZIA

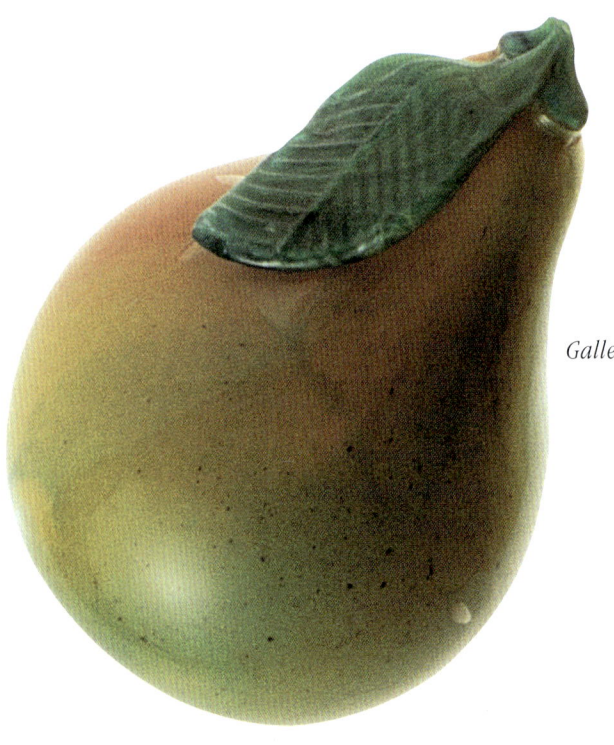

Vetri in tavola. I vetri di Murano per la tavola nell'800
Glass for the table. XIX century Murano glass tableware

a cura di / *editor*: Puccio Migliaccio
traduzioni / *translations*: Edward Smith
fotografie / *photographs*: Andrea Morucchio
progetto e impaginazione / *graphic design*: Aldo Bova
riproduzioni / *reproductions*: Foligraf, Mestre
stampa / *printer*: EBS – Editoriale Bortolazzi Stei, Verona

Arsenale Editrice srl
San Polo 1789
I – 30125 Venezia
Italia

Arsenale Editrice © 1999

referenze fotografiche / *photo credits*
Mark E. Smith, p. 6
Murano, Museo Vetrario

si ringraziano / *acknowledgements*:
l'Associazione per lo studio e lo sviluppo della cultura muranese,
Attilia Dorigato, Stefano Grandi, Luciano Menetto, John e Chris Millerchip,
Gabriella Rubinato, Arnoldo Toso

questo catalogo è stato stampato in occasione dell'esposizione tenuta presso la
Galleria Rossella Junck, San Marco 3463 Venezia, dal 12 giugno al 2 dicembre 1999
*this catalogue was published on the occasion of the exhibition held at the
Galleria Rossella Junck, San Marco 3463 Venice, from 12th June to 2nd December 1999*

Tutti i diritti riservati.
Non è consentita la traduzione, la riproduzione, la memorizzazione,
l'adattamento totale o parziale con qualsiasi mezzo
(inclusi i microfilm, le copie fotostatiche e ogni altro tipo di supporto)
senza previa autorizzazione scritta del detentore del copyright.
Qualora concessa, tale autorizzazione è soggetta
al pagamento di un diritto, la cui entità dipende dal tipo di utilizzo.

ISBN 88-7743-213-6

INDICE   CONTENTS

Attilia Dorigato
I vetri di Murano per la tavola nell'800   7   Attilia Dorigato
XIX century Murano glass tableware

Tavole   13   Plates

Schede   41   Catalogue entries

Fotografie e disegni tratti
dai cataloghi dell'epoca   47   Photographs and drawings from
contemporary catalogues

Bibliografia   51   Bibliography

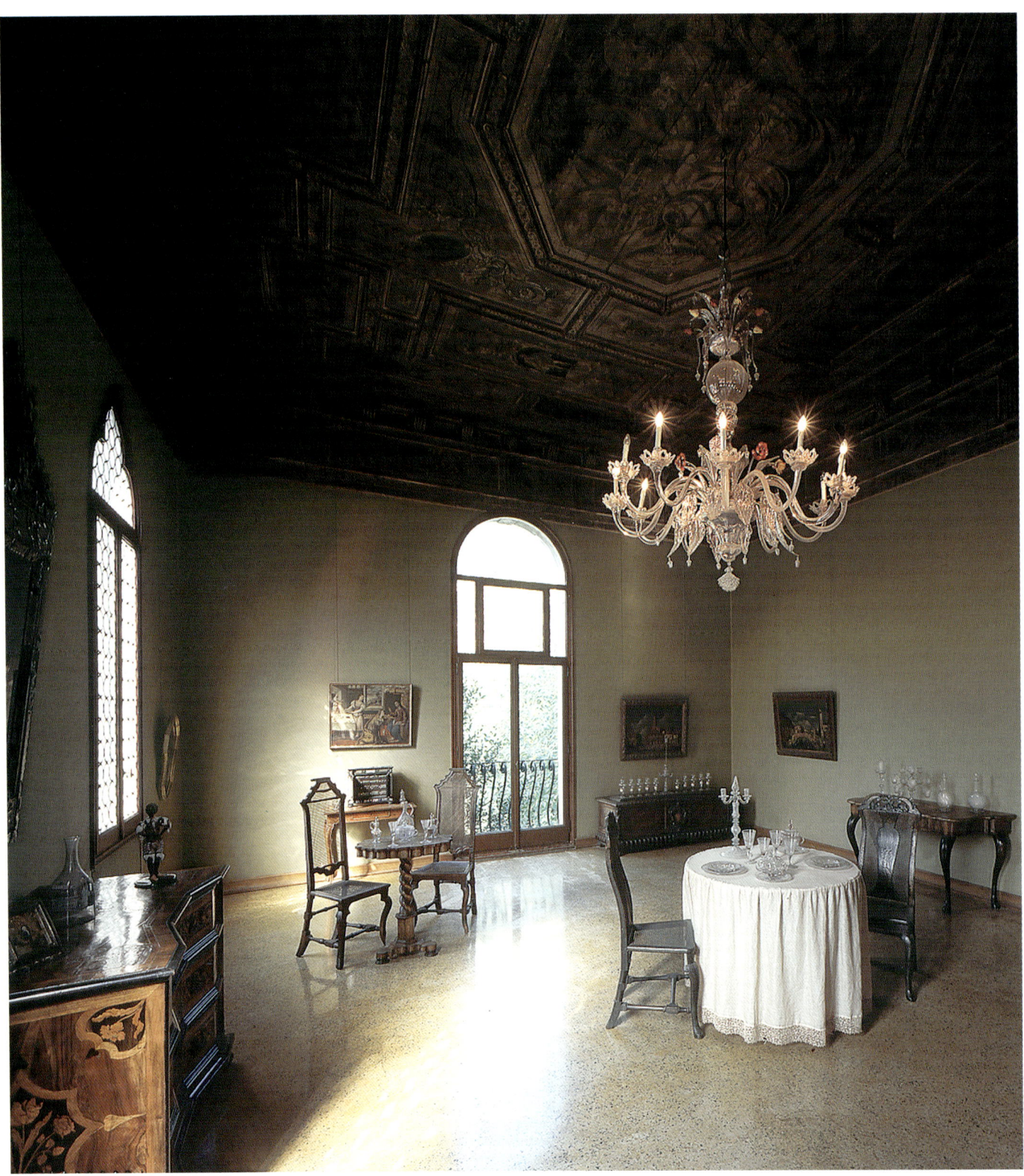

Attilia Dorigato

I vetri di Murano per la tavola nell'800
XIX century Murano glass tableware

Il vetro di Murano, fin dall'inizio dell'attività dell'isola, ha sempre avuto un ruolo fondamentale nella preparazione delle tavole, fastose o modeste che esse fossero, dando forma ad una vasta gamma di oggetti con duplice funzione: essere utilizzati ma, nello stesso tempo, decorare e abbellire la mensa.

Fonti iconografiche e archivistiche, nel corso dei lunghi secoli della storia di Venezia, offrono una ricca documentazione sull'attività delle fornaci muranesi in tal senso.

I bicchieri, che della tavola sono forse l'elemento più caratterizzante, fin dal XIII secolo venivano esportati nei paesi del Mediterraneo orientale; benché della più antica produzione muranese le testimonianze materiali pervenuteci siano solo molto frammentarie, tuttavia i mosaici marciani, gli affreschi e i dipinti di scuola veneta ne documentano la forma semplice, per lo più tronco-conica; essi compaiono spesso accanto a bottiglie dal corpo sferoidale con lungo collo e bocca svasata: le inghistere, che sopravvivranno, pressoché immutate, per lungo tempo.

A partire dalla seconda metà del XV secolo Murano allarga notevolmente il suo campionario di bicchieri, calici, brocche e piatti. In vetro incolore o colorato, blu, azzurro, turchese, verde, questi oggetti sono spesso riccamente

Murano glass, since the beginning of its production on the island, has always had an essential role as an ingredient in table settings, whether on a modest or an elaborate scale. This has given rise to a vast array of objects that function on two levels, as practical utensils, and as decorative and beautiful artifacts serving to enhance the beauty of the table.

Pictorial and written sources offer a rich documentation of the centuries-long history of the production of tableware by Muranese glass-makers.

Drinking glasses, perhaps the most representative objects included in the table service, were exported to Eastern Mediterranean countries as early as the thirteenth century. Although surviving examples of Murano glass of this period are extremely rare, some idea of these objects may be gained by examining the mosaics in St Mark's and frescoes and paintings of the mediaeval Veneto school. In these works, glasses are shown as simple, usually conical shapes, often appearing next to *inghistere* (long-necked bottles with spheroidal bodies and bell-shaped beaks), which continued to be produced, virtually unaltered, for centuries.

After the second half of the fifteenth century, Murano greatly expanded its production of glasses, cups, pitchers and plates. Made of clear or coloured

decorati con motivi geometrici, temi allegorici propri del repertorio rinascimentale o ritratti, tracciati a smalti fusibili e foglia d'oro.

Accanto a esemplari tanto preziosi, difficilmente riferibili a un uso quotidiano, e per di più a volte appositamente commissionati con finalità esclusivamente ornamentali, come evidenzia sulle loro pareti la presenza di stemmi di famiglie patrizie italiane e straniere, coesisteva evidentemente una produzione più dimessa destinata all'arredo giornaliero delle tavole.

È nel corso del Cinquecento che i vetri di uso domestico, sempre nell'ambito di una produzione di qualità comunque elevata, assumono forme di esemplare eleganza, efficacemente sottolineata dal cristallo muranese, terso, luminoso e trasparente, pressoché mai associato a vetro di altro colore.

Assai significativo, per l'essenziale semplicità della sua silhouette, è il calice; un rapporto di costante armonia, infatti, governa le parti che lo costituiscono: il piede, lo stelo soffiato, spesso in forma di balaustro, e la coppa, o "bevante" nel linguaggio dell'isola, dalle forme più diverse.

Il rigore e la semplicità formali dei vetri di questo secolo fanno poche concessioni all'elemento decorativo: lievi motivi vegetali o figurati graffiti a punta di diamante si sviluppano come merletti lungo le pareti di calici, compostiere, vassoi su piede, piattini, tazzine; oppure è la tessitura della filigrana, con i motivi a reticello e a retortoli quasi esclusivamente in lattimo, che si inserisce tra le pareti di limpido cristallo.

Negli ultimi anni del Cinquecento la reintro-

glass (blue, azure, turquoise, green), these pieces are often richly decorated with geometric motifs, allegorical scenes typical of the Renaissance or portraits, executed in enamelling and gold leaf.

These precious artifacts were obviously not intended for practical daily use (many were commissioned as objets d'art, bearing the coats of arms of patrician Italian and foreign families); but obviously there existed at the same time a parallel production of more modest objects designed for daily use at table.

During the sixteenth century, domestic tableware of high quality developed in forms of exemplary elegance, enhanced by the purity of the luminous and transparent crystal glass of Murano, which was only rarely combined with coloured glass.

Because of the essential simplicity of its outline, the 16th century goblet is of special significance. Its various parts, of the most varied shapes, are joined together in harmonious proportions: the foot, the blown stem (often baluster-shaped) and the cup, or *bevante*, as it is called on Murano.

The severity and simplicity of form of 16th century glass permit only a limited amount of decoration. This consists mostly of lacey vegetal or figurative patterns, engraved in diamond point, which ornament the surfaces of goblets, compote-bowls, footed trays, cups and saucers. Filigree threading, almost always in *lattimo* (porcelain glass), in a net pattern or *a retortoli* is also used to enhance the surface of pure crystal glass.

Towards the end of the 16th century, colour, which until then had been infrequently used, became an ever more important element, thus prefiguring the change of

duzione del colore, usato inizialmente con molta discrezione, preannuncia il mutamento di gusto dei due secoli successivi.

Nel Seicento, infatti, anche i vetri creati per la tavola evidenziano l'amore per il colore e per l'abbondanza di elementi decorativi; abbandonata la semplicità cinquecentesca, le forme si complicano e assumono aspetti tanto bizzarri da privare della loro funzione oggetti destinati a un uso specifico, sottolineandone il ruolo quasi esclusivamente decorativo.

Il XVIII secolo, accanto a forme ormai codificate dalla tradizione, espresse con tecniche di uso ormai secolare per i vetrai, registra delle interessanti innovazioni.

Con il cristallo *à la façon de Bohème*, ottenuto in seguito a lunghe ricerche per arginare la concorrenza della produzione boema, ormai dilagante anche nei territori della Serenissima, i Muranesi si sbizzarriscono in una gamma singolarmente ricca e fantasiosa di oggetti per la tavola, nei quali elementi floreali e decorazioni plastiche in pasta vitrea policroma non mancano mai: bottiglie, cestini, salsiere, ampolle per olio e aceto, saliere, piatti, ciotole sono legati da un denominatore comune: il colore.

Giuseppe Briati, a cui va il merito di aver dato ampia diffusione a questa moda, è il personaggio che creò molti tra i più caratteristici ornamenti delle tavole dei Dogi, imbandite in occasione delle tradizionali festività cittadine o di particola-

taste that would characterize the two centuries to follow.

In the seventeenth century, in fact, even tableware displays the period's love of colour and elaborate decoration. The simplicity of the previous century was abandoned in favour of complicated shapes and bizarre inventions, often making it impossible to assign a specific function to a given object. Thus it becomes an almost exclusively decorative work of art.

The eighteenth century, whilst conserving many of the forms and techniques hallowed by tradition, also introduced several interesting innovations.

After much experimentation, the glass-workers of Murano succeeded in producing crystal glass *à la façon de Bohème,* thus being able to compete with the ever expanding Bohemian glass industry, present even within Venetian territories. The Muranese unleashed their creative energy in a dazzling array of richly inventive tableware, in which floral motifs and multicoloured decorations in relief are everywhere in evidence. Bottles, baskets, sauce-boats, cruets, salt cellars, plates and bowls - all are united by a common factor, which is colour.

Giuseppe Briati, who must be credited with the wide diffusion of this fashion, created a large part of the objects that ornamented the tables of the doges, which were lavishly decorated on traditional state occasions and other festivities of special importance were the *trionfi* known as *deseri,*

ri eventi: i trionfi o "deseri", centri da tavola di dimensioni a volte assai rilevanti, di cui Francesco Gradenigo nei suoi *Notatorii* fornisce precise descrizioni.

Essi costituivano veri e propri apparati scenografici di carattere storico o mitologico, oppure potevano offrire, come nel caso di quello allestito per la festività di san Marco del 1767, uno spaccato della vita dei Veneziani in villeggiatura con la rappresentazione dei giochi, dei giardini, delle cavalcate.

La produzione ottocentesca, dopo la stasi forzata delle fornaci muranesi che, a seguito della caduta della Serenissima, per circa cinquant'anni rimangono inattive, dedica grande attenzione all'oggettistica destinata all'arredo della tavola e ai calici in particolare.

Le tradizionali tecniche dell'isola vengono tutte indagate a fondo e reinterpretate con nuovi orientamenti di gusto che interessano sia le forme sia i tessuti vitrei.

I maestri appaiono tutti impegnati, con grande fervore creativo, nel riesame della produzione dei secoli precedenti e, forse per sopperire al vuoto della prima metà dell'Ottocento, danno prove di fantasia e di abilità mai raggiunte prima.

I vetri che troveranno posto nelle tavole ottocentesche nascono all'insegna del colore: i tessuti a filigrana presentano intrecci elaboratissimi ottenuti con fili che ripropongono le infinite sfumature dell'iride; l'avventurina dorata diventa di uso frequente; le applicazioni di paste vitree policrome in forma di fiori, frutta, animalucci, nastri, lettere dell'alfabeto vanno vezzosamente a decorare calici, brocche, bottiglie, ciotole e compostiere.

elaborate centrepieces often of impressive dimensions such as those described in detail by Francesco Gradenigo in his *Notatorii*.

These centrepieces resembled elaborate stage settings with an historical or allegorical theme; sometimes, as for the feast of St Mark in 1767, Venetian life on a country estate was represented, with its characteristic games, gardens and excursions on horseback.

The fall of the republic in 1797 was followed by a stagnant period in which the glass factories of Murano remained inactive for nearly half a century. When production was finally resumed, tableware again took its place as one of the main categories of glass-making, particular attention being given to goblets.

Traditional methods were re-examined and reinterpreted in line with new canons of taste, which brought about changes in both forms and patterns.

The master craftsmen of the nineteenth century seem to have devoted their creative energy mainly to an investigation of past eras. Perhaps as a reaction to the artistic void of the early part of the century, they rose to a level of invention and technical bravura that far surpassed their predecessors.

The glassware that decorated nineteenth century tables was born under the sign of colour. Filigree patterns were woven in extraordinarily intricate ways, using threads in every imaginable colour. Gilded aventurine was widely employed; coloured glass paste in the form of flowers, fruit, fantastic beasts, ribbons and letters was liberally applied to goblets, jugs, bottles, bowls and compote-dishes.

During the latter part of the century "lace" decora-

Nell'ultima parte del secolo, poi, la decorazione "a merletto" che nel Cinquecento era stata eseguita facendo ricorso al graffito a punta di diamante, viene riproposta ma, questa volta, tracciata con gli smalti.

Certo, accanto a forme assai elaborate, destinate ad un ruolo eminentemente decorativo oppure celebrativo – come è probabilmente il caso dei calici nel cui stelo trova posto un'iniziale – altre, più semplici, fanno intuire un uso più frequente dell'oggetto, che presenta comunque sempre caratteri di affettuosa eleganza.

Nell'inesauribile campionario di calici, bicchieri, tazzine, bottiglie, brocche, candelieri, servizi da dessert non poteva mancare il centrotavola che, rispetto a quelli elaboratissimi creati per decorare i banchetti dei dogi nel secolo precedente, assume proporzioni molto più limitate, consone alla struttura della tavola della solida borghesia ottocentesca che fruiva di questi oggetti.

Si tratta di ciotole o di vasi, che talora assumono la forma di fiori o di animali, quali il pesce, il ramarro, il cavalluccio marino, eseguiti magistralmente allo scopo di rallegrare i pasti famigliari anche con la presenza di un solo fiore.

Studi recenti hanno reso noti numerosi cataloghi con i campionari di quelle fornaci, la Fratelli Toso, Salviati, Testolini che, nella seconda parte del XIX secolo, dedicarono particolare attenzione a questo tipo di oggetti: ne emerge una produzione che se da un lato appare aver superato ogni difficoltà sul piano tecnico, dall'altro sembra non conoscere limiti in fatto di creatività.

tion was revived. In the 16th century this had been done with diamond-point etching, but the patterns were now realized by means of enamel tracing.

These elaborate artifacts were destined above all as decorative or commemorative pieces, to which category undoubtedly belong those goblets with an initial enclosed in the stem. Those objects made in simpler shapes suggest that they were intended for more frequent daily use. Yet even these more modest creations were invariably crafted with elegance and loving care.

The unending list of nineteenth century goblets, drinking glasses, cups, bottles, jugs, chandeliers and dessert services would be incomplete without the centrepiece. Compared to the elaborate ones created a century earlier for the doges' banquets, these later examples were of much more modest proportions, more suitable for the tables of the solid middle-class families on which these objects were displayed.

These centrepieces were made up of a bowl or vase, often in the shape of flowers or animals such as a fish, a lizard or a sea horse, skilfully executed and intended to enhance family meals with an artistic touch, if only through the presence of a single flower.

Recent studies have brought to light numerous catalogues of late 19th century glassworks such as Fratelli Toso, Salviati and Testolini that devoted much of their production to the sort of objects discussed above. In these catalogues there is everywhere evidence of a supreme command of every technical aspect of the craft, as well as an unbounded creative impulse.

Allo scadere del secolo, e successivamente nei primi anni del Novecento, una precisa tendenza alla funzionalità interessa in modo significativo i servizi da tavola: iniziano, infatti, a diffondersi quelle forme semplici e lineari, di grande raffinatezza, che traggono ispirazione dai modelli classici del Cinquecento, alle quali fa riferimento spesso anche l'attuale produzione.

At the turn of the century and during the years immediately following, there was growing a tendency to concentrate on the functional aspect of tableware. Inspired by the classic models of the 16th century, simple, linear forms of extreme refinement were more and more preferred. This general tendency has persisted up to the present day.

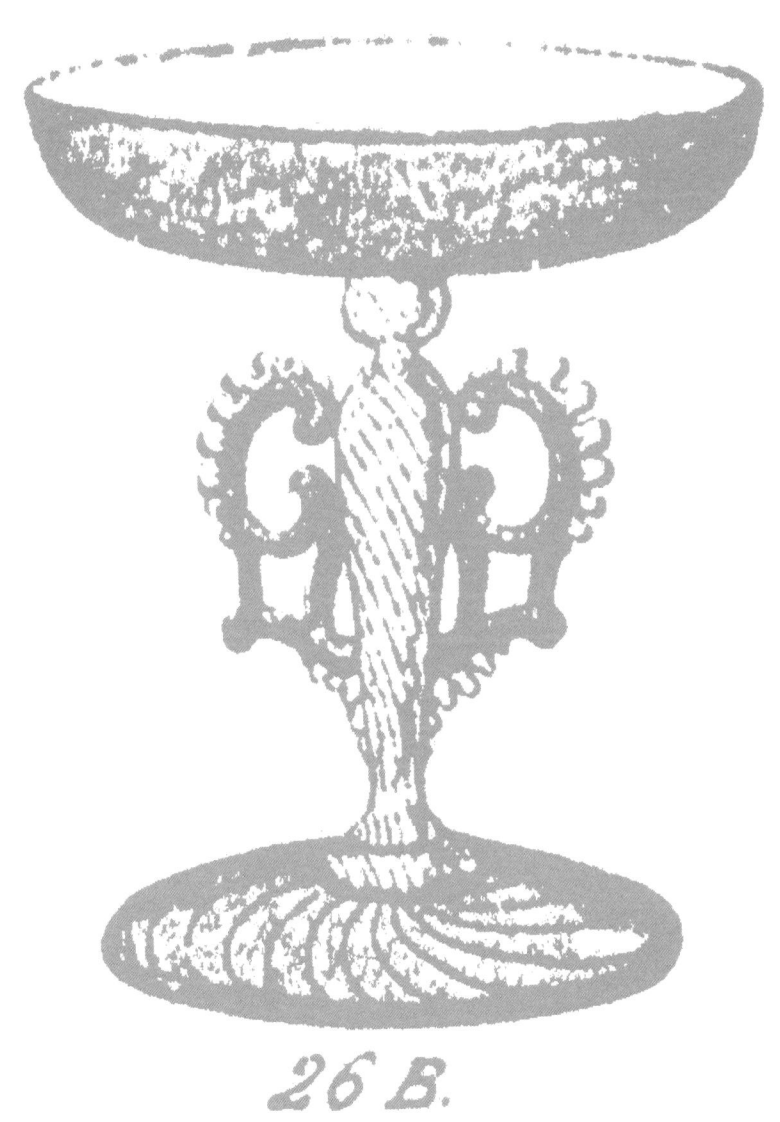

26 B.

Tavole
Plates

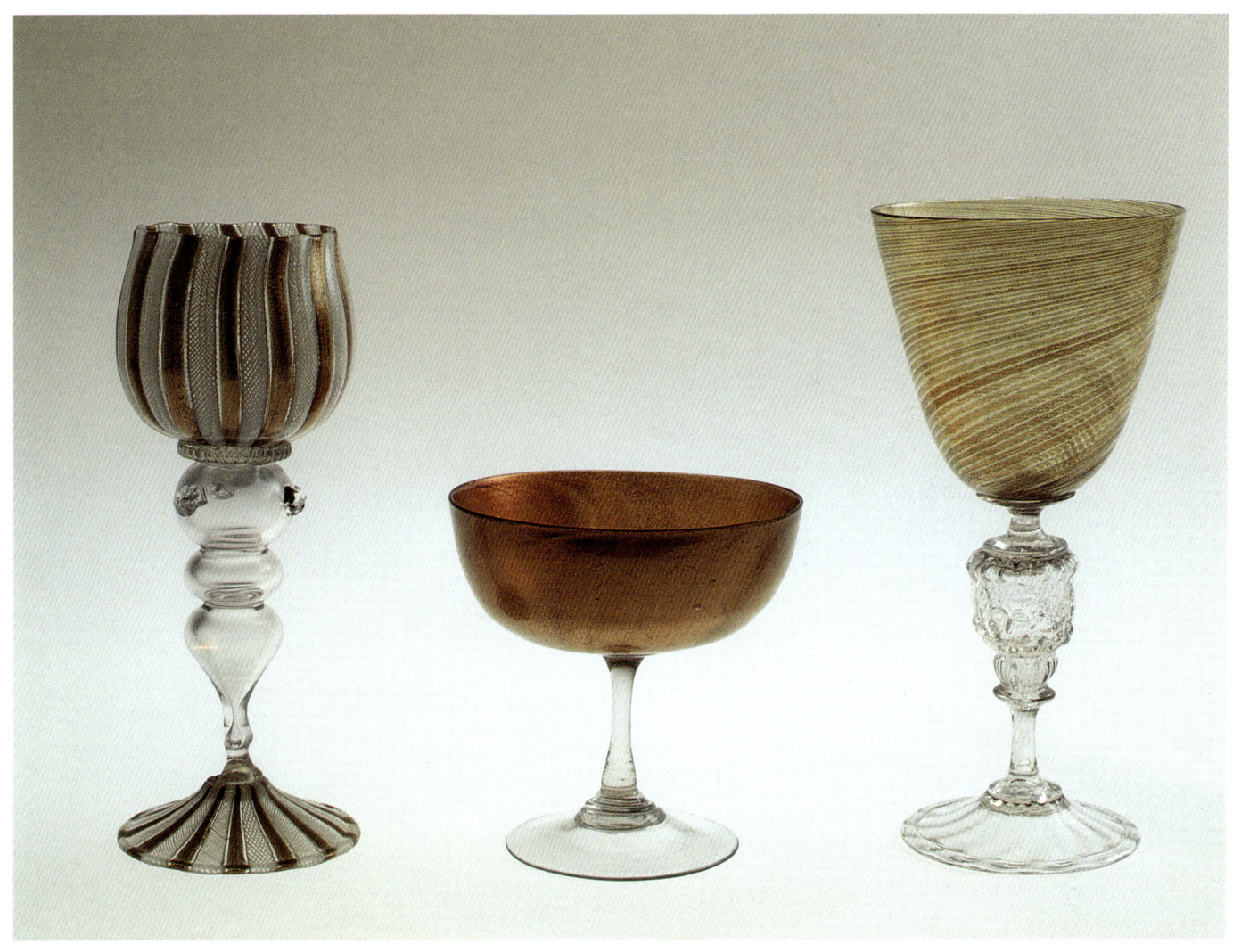

1
Calice a tulipano
Murano, 1870 ca., Fratelli Toso
Tulip-shaped goblet
Murano, c. 1870, Fratelli Toso

2
Coppa in avventurina tesa
Murano, 1870 ca., Società
Anonima per Azioni Salviati & C.
Cup in blown aventurine
Murano, c. 1870, Società
Anonima per Azioni Salviati & C.

3
Coppa a canne di avventurina
Murano, 1880 ca.,
Salviati Dr. Antonio
Cup in aventurine cane
Murano, c. 1880,
Salviati Dr. Antonio

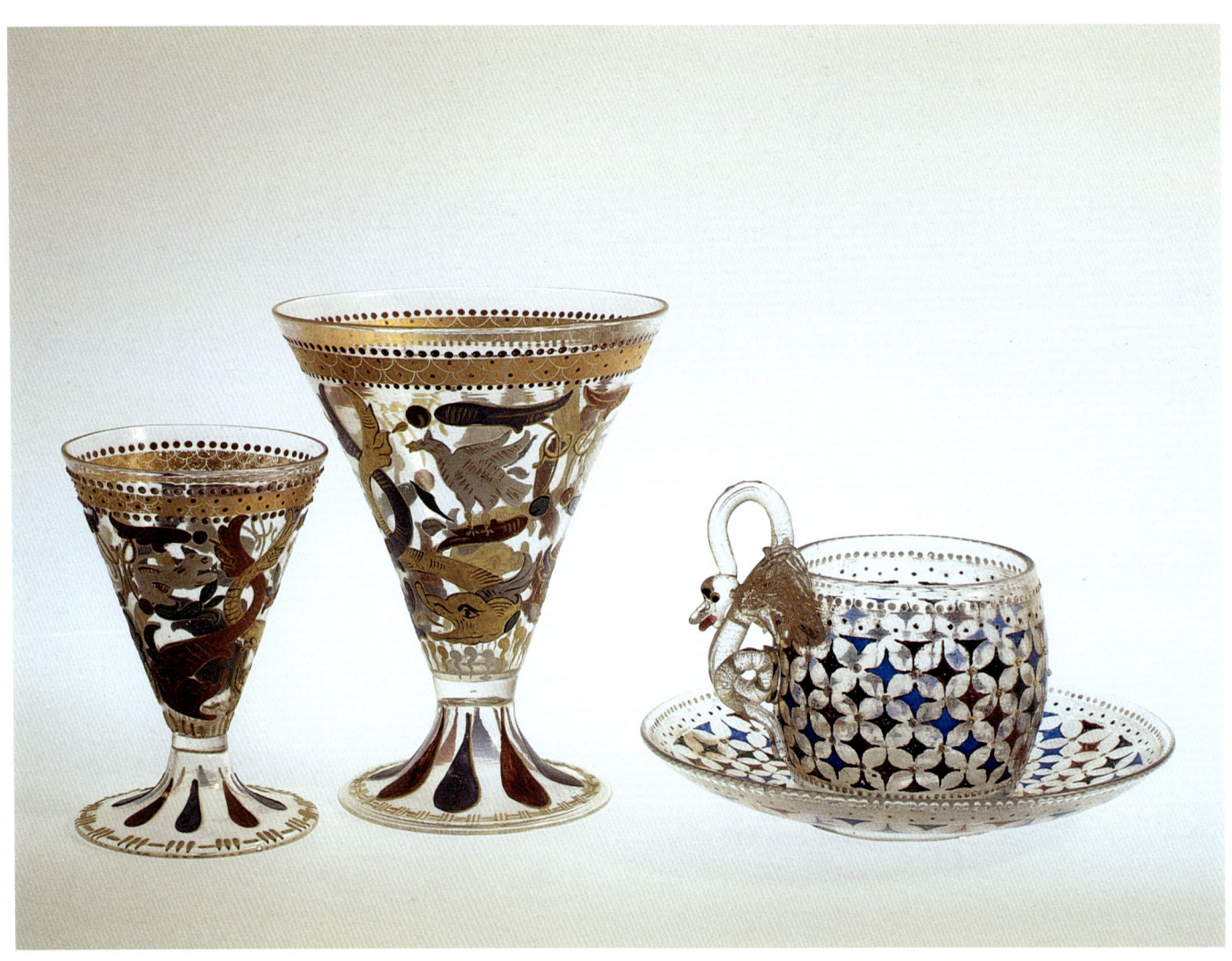

4
Bicchiere decorato a smalti
Murano, 1912 ca.,
prob. Vittorio Toso Borella
*Enamelled drinking glass
Murano, c. 1912,
prob. Vittorio Toso Borella*

5
Bicchiere decorato a smalti
Murano, 1912 - 1920,
bottega Toso Borella
*Enamelled drinking glass
Murano, 1912 - 1920,
bottega Toso Borella*

6
Tazza e piatto
decorati a smalti
Murano, 1885 ca.,
Compagnia Venezia-Murano
*Enamelled cup and plate
Murano, c. 1885,
Compagnia Venezia-Murano*

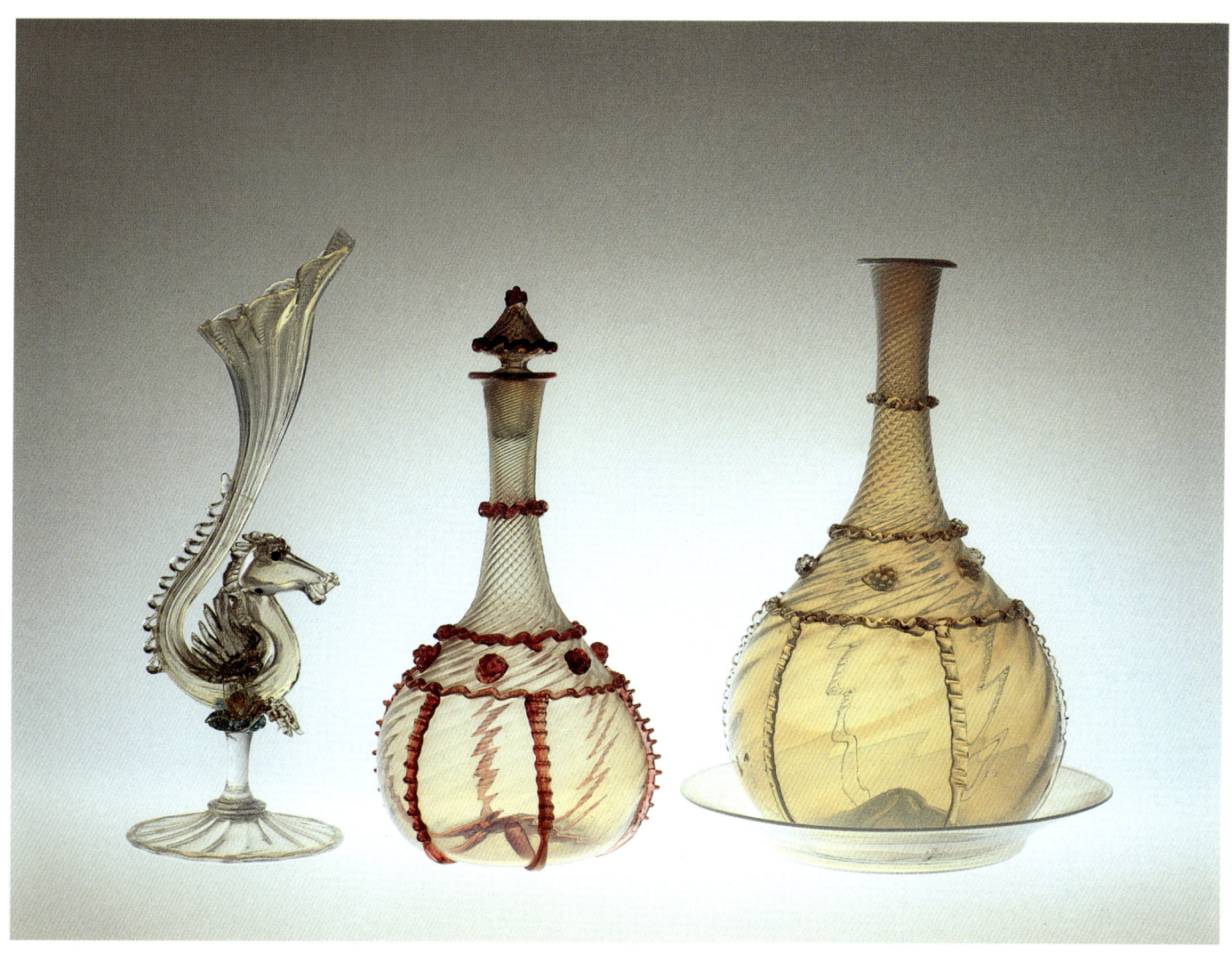

7
Cornucopia girasol a forma
di cavallo alato
Murano, 1885 ca.,
Compagnia Venezia-Murano
*Ribbed opaline cornucopia
in the shape of a winged horse
Murano, c. 1885,
Compagnia Venezia-Murano*

8
Bottiglia girasol
con morise rubino
Murano, 1885 ca.,
Compagnia Venezia-Murano
*Ribbed opaline bottle with
rubino morise
Murano, c. 1885,
Compagnia Venezia-Murano*

9
Bottiglia e piatto girasol
Murano, 1880 ca.,
Salviati Dr. Antonio
*Ribbed opaline bottle and plate
Murano, c. 1880,
Salviati Dr. Antonio*

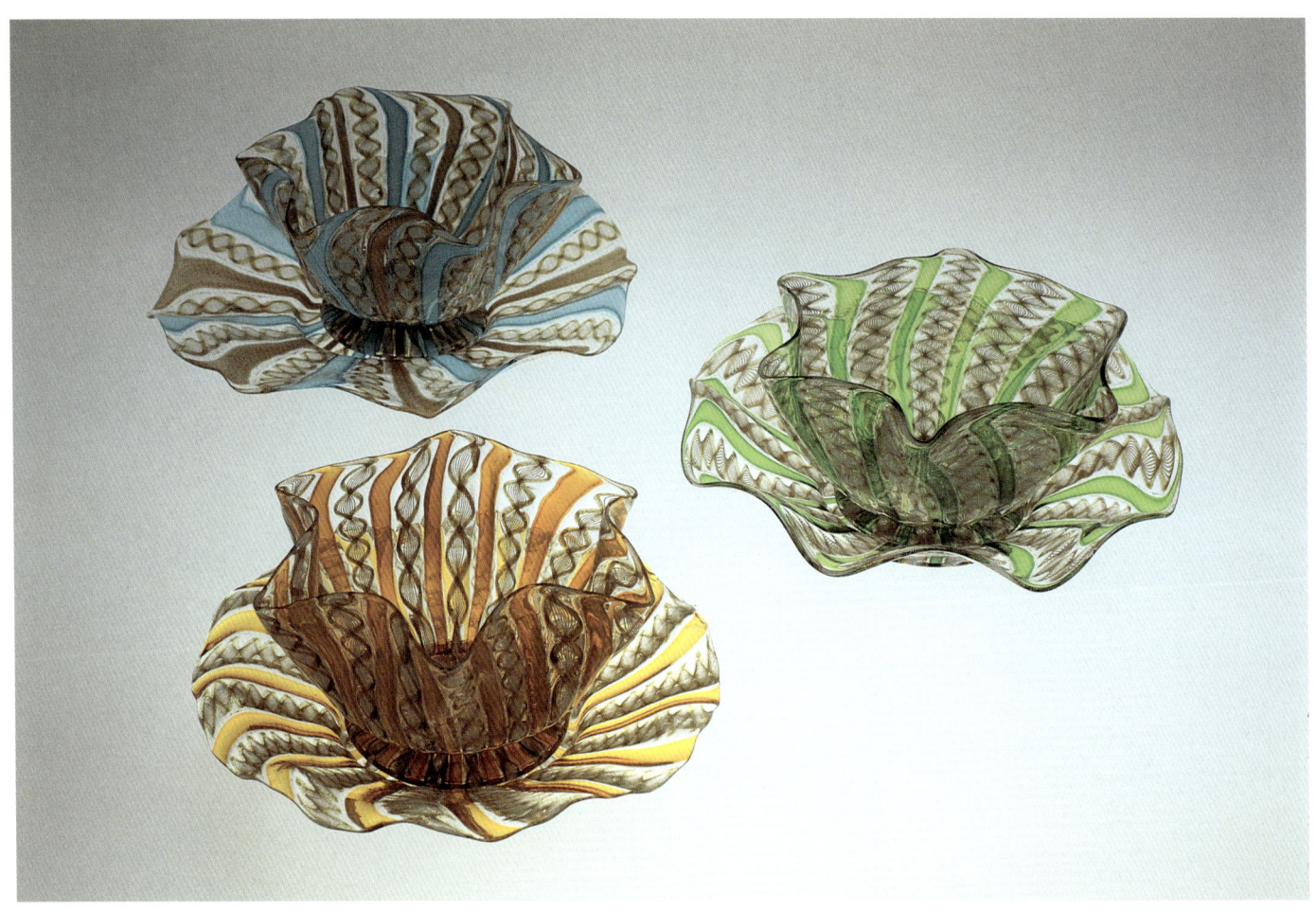

10
Lavadita a canne con piatto
Murano, 1895 ca.,
Compagnia Venezia-Murano
Finger-bowl with plate
Murano, c. 1895,
Compagnia Venezia-Murano

11
Lavadita a canne con piatto
Murano, 1895 ca., Fratelli Toso
Finger-bowl with plate
Murano, c. 1895, Fratelli Toso

12
Lavadita a canne con piatto
Murano, 1895 ca.,
Compagnia Venezia-Murano
Finger-bowl with plate
Murano, c. 1895,
Compagnia Venezia-Murano

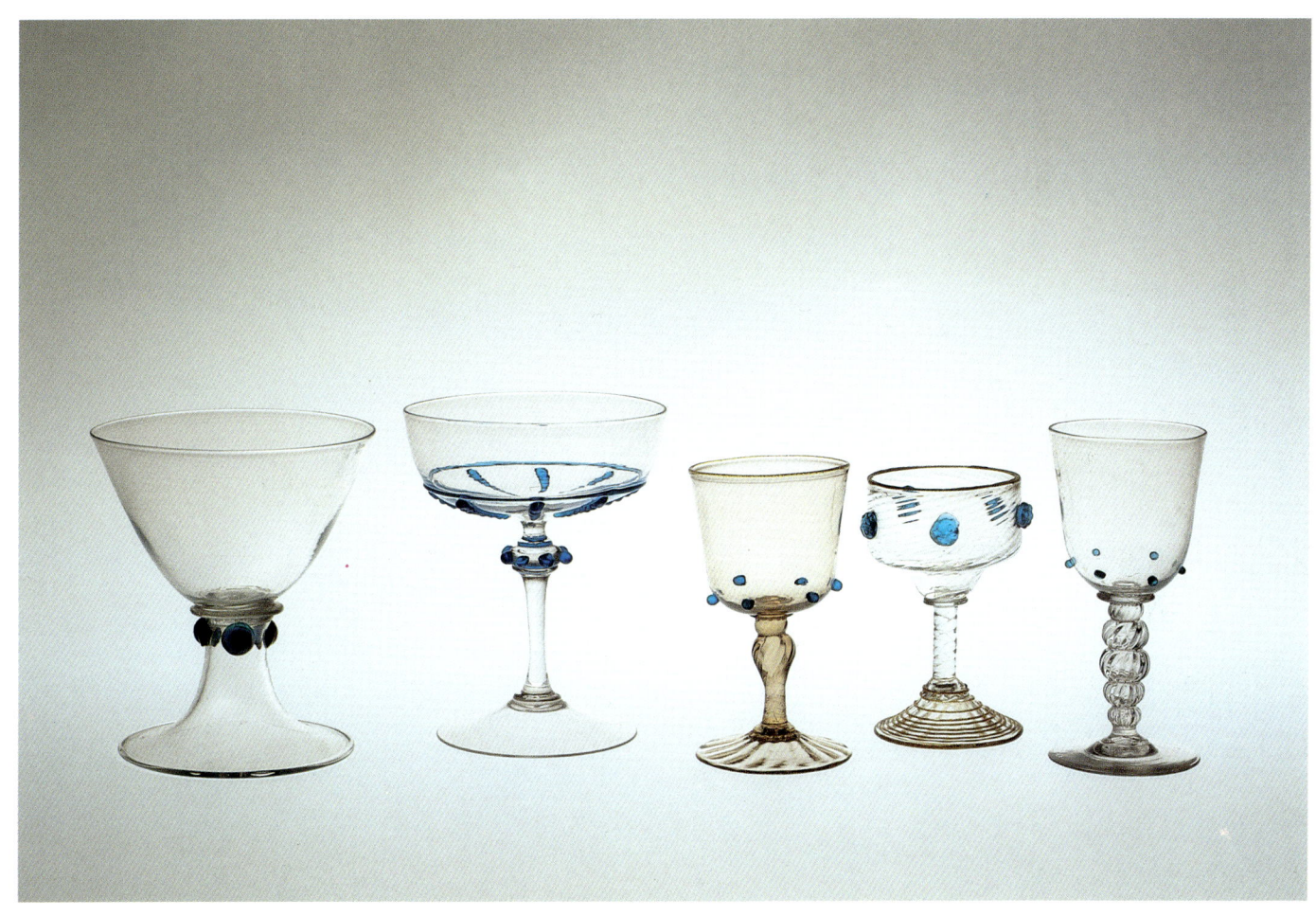

13
Coppa con gemme
Murano, 1895 - 1900 ca.,
Compagnia Venezia-Murano
Cup with gems
Murano, c. 1895 - 1900,
Compagnia Venezia-Murano

14
Coppa con applicazioni
Murano, 1890 ca.,
Compagnia Venezia-Murano
Decorated cup
Murano, c. 1890,
Compagnia Venezia-Murano

15
Calice da liquore
Murano, 1870 ca., Società
Anonima per Azioni Salviati & C.
Liqueur glass
Murano, c. 1870, Società
Anonima per Azioni Salviati & C.

16
Calice da liquore
Murano, 1870 ca., Società
Anonima per Azioni Salviati & C.
Liqueur glass
Murano, c. 1870, Società
Anonima per Azioni Salviati & C.

17
Calice da liquore
Murano, 1870 ca., Società
Anonima per Azioni Salviati & C.
Liqueur glass
Murano, c. 1870, Società
Anonima per Azioni Salviati & C.

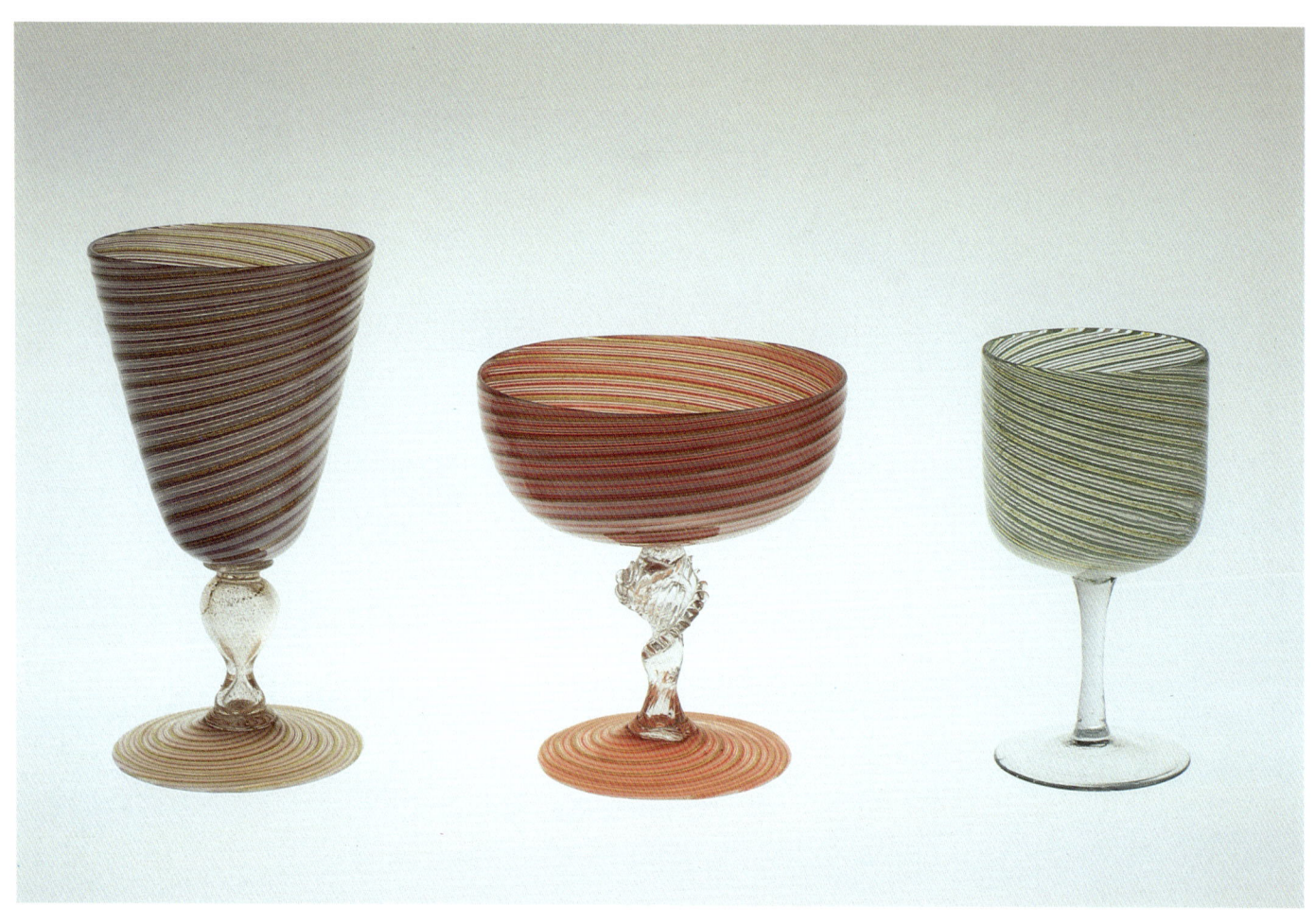

18
Calice a canne retorte
Murano, 1870 ca., Società
Anonima per Azioni Salviati & C.
Goblet in spiral pattern
Murano, c. 1870, Società
Anonima per Azioni Salviati & C.

19
Coppa a canne retorte
Murano, 1870 ca., Società
Anonima per Azioni Salviati & C.
Cup in spiral pattern
Murano, c. 1870, Società
Anonima per Azioni Salviati & C.

20
Calice da Porto
Murano, 1870 ca., Società
Anonima per Azioni Salviati & C.
Port glass
Murano, c. 1870, Società
Anonima per Azioni Salviati & C.

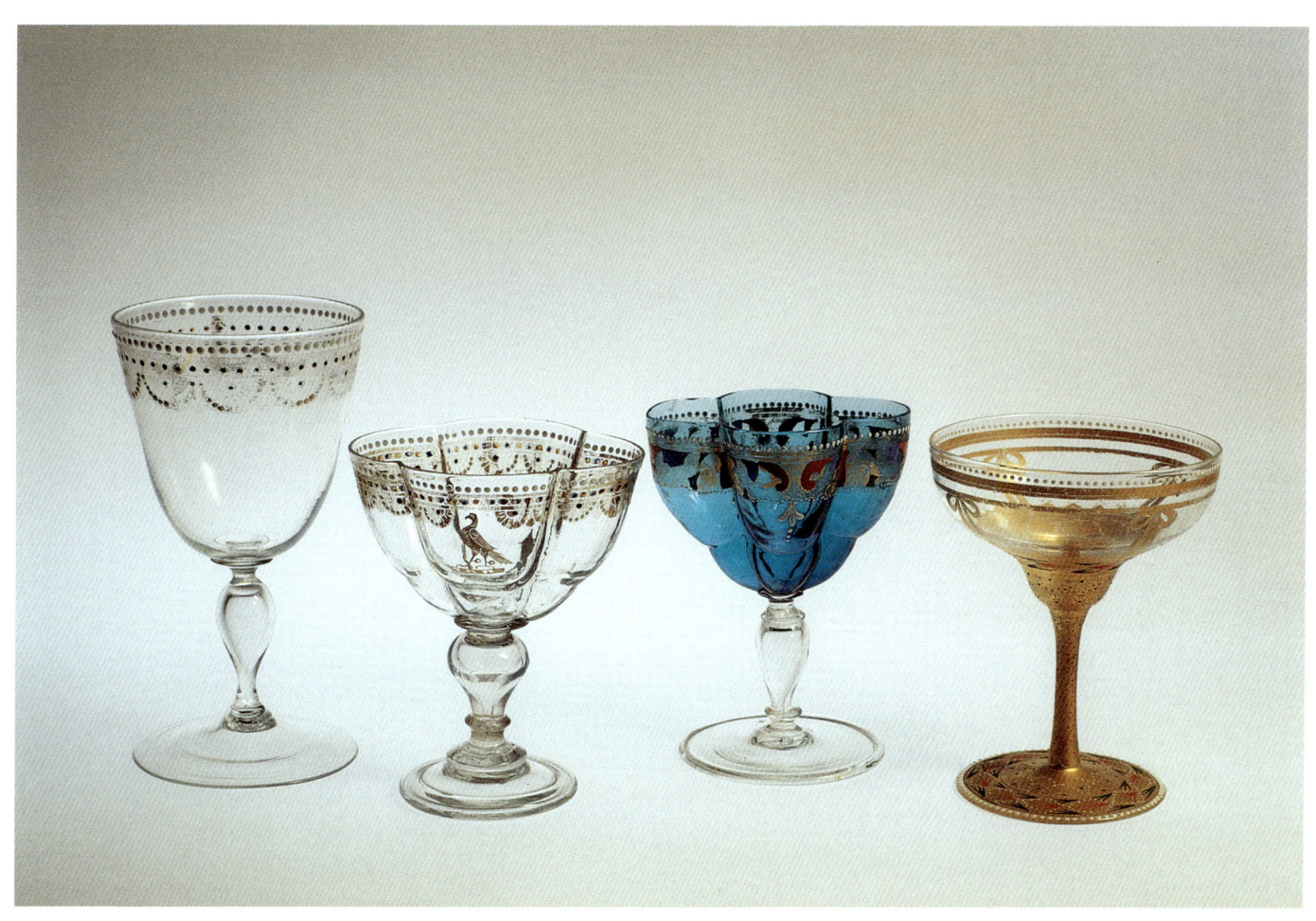

21
Calice da vino
Murano, 1870 ca., Società
Anonima per Azioni Salviati & C.
Wine glass
Murano, c. 1870, Società
Anonima per Azioni Salviati & C.

22
Coppa quadrilobata
Murano, 1870 ca., Società
Anonima per Azioni Salviati & C.
Quadrilobe cup
Murano, c. 1870, Società
Anonima per Azioni Salviati & C.

23
Coppa quadrilobata
Murano, 1870 ca., Società
Anonima per Azioni Salviati & C.
Quadrilobe cup
Murano, c. 1870, Società
Anonima per Azioni Salviati & C.

24
Coppa da champagne
Murano, 1890 ca.,
Compagnia Venezia-Murano
Champagne glass
Murano, c. 1890,
Compagnia Venezia-Murano

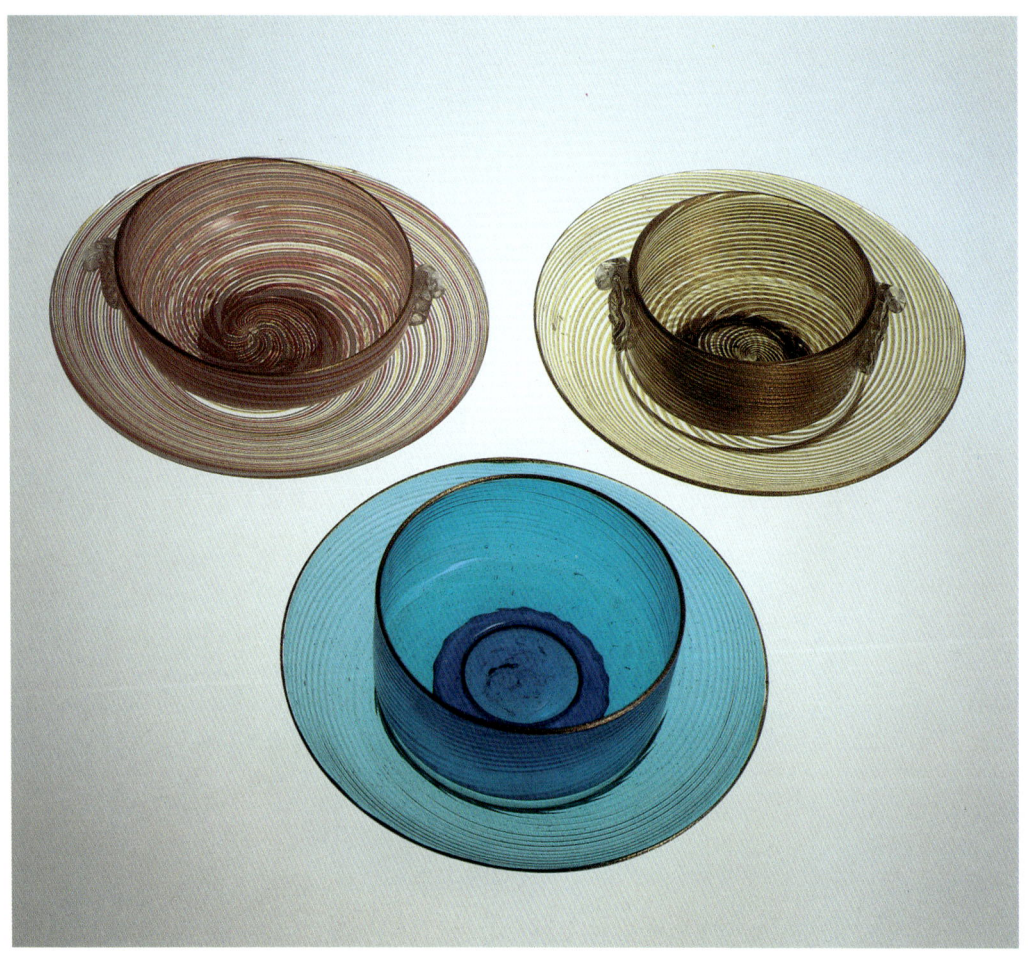

25
Lavadita a canne con piatto
Murano, 1885 ca.,
Compagnia Venezia-Murano
*Finger-bowl with plate
Murano, c. 1885,
Compagnia Venezia-Murano*

26
Lavadita acquamarina con piatto
Murano, 1885 ca.,
Compagnia Venezia-Murano
*Acquamarine finger-bowl
with plate
Murano, c. 1885,
Compagnia Venezia-Murano*

27
Lavadita a canne con piatto
Murano, 1885 ca.,
Compagnia Venezia-Murano
*Finger-bowl with plate
Murano, c. 1885,
Compagnia Venezia-Murano*

28
Sei bicchieri troncoconici
Murano, 1870 ca., Società
Anonima per Azioni Salviati & C.
*Six conical drinking glasses
Murano, c. 1870, Società
Anonima per Azioni Salviati & C.*

29
Bicchiere troncoconico
Murano, 1870 ca., Società
Anonima per Azioni Salviati & C.
*Conical drinking glass
Murano, c. 1870, Società
Anonima per Azioni Salviati & C.*

30
Bicchiere troncoconico
Murano, 1870 ca., Società
Anonima per Azioni Salviati & C.
*Conical drinking glass
Murano, c. 1870, Società
Anonima per Azioni Salviati & C.*

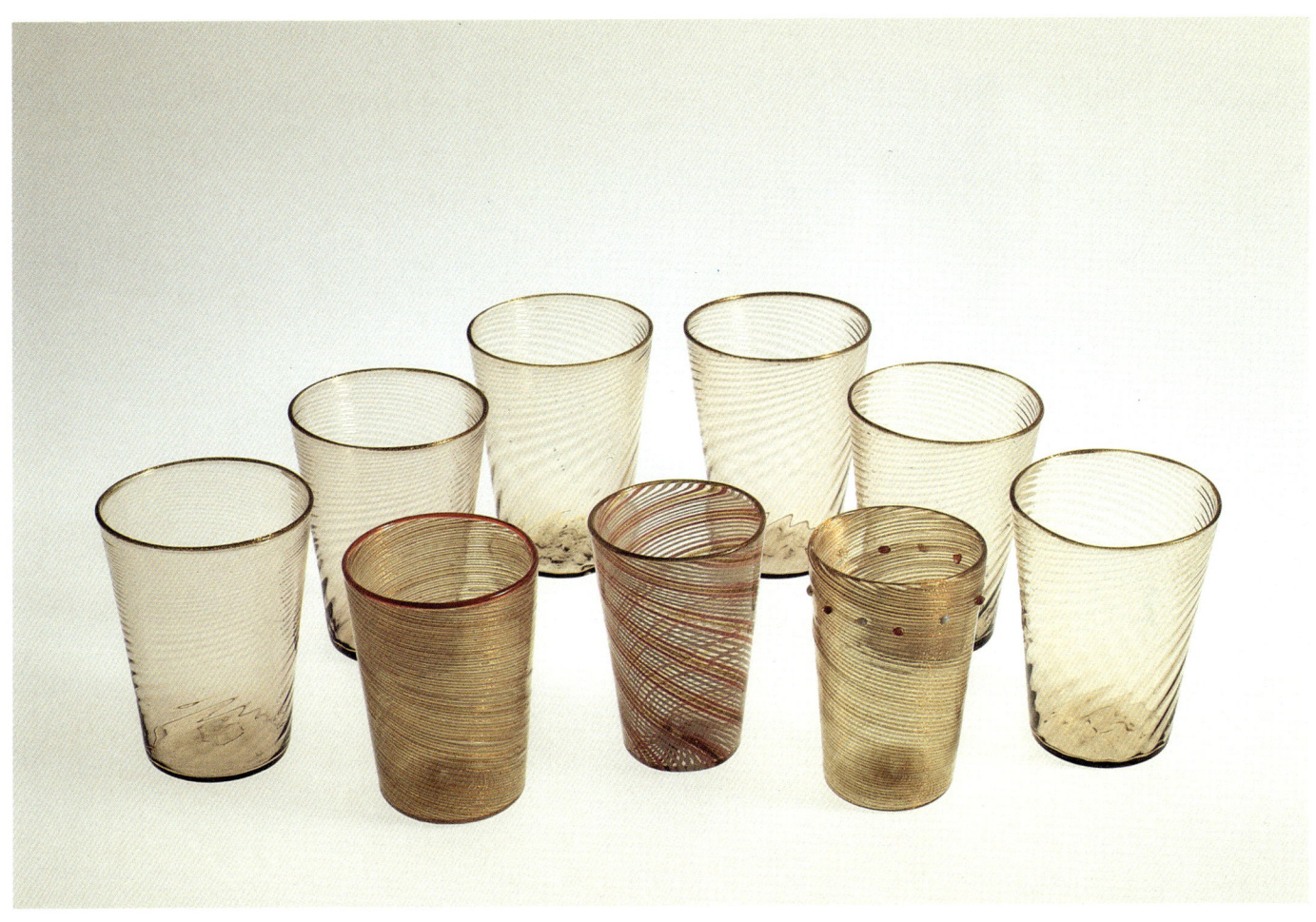

31
Bicchiere troncoconico
Murano, 1870 ca., Società
Anonima per Azioni Salviati & C.
Conical drinking glass.
Murano, c. 1870, Società
Anonima per Azioni Salviati & C.

32
Piccola brocca a canne
Murano, 1870 ca., Società
Anonima per Azioni Salviati & C.
Small jug
Murano, c. 1870, Società
Anonima per Azioni Salviati & C.

33
Piccola brocca a canne
Murano, 1880 ca.,
Salviati Dr. Antonio
Small jug
Murano, c. 1880,
Salviati Dr. Antonio

34
Piccola brocca blu a macchie
Murano, 1885 ca.,
Salviati Dr. Antonio
Small blue mottled jug
Murano, c. 1885,
Salviati Dr. Antonio

35
Piccola brocca verde
Murano, 1880 ca.,
Salviati Dr. Antonio
Small green jug
Murano, c. 1880,
Salviati Dr. Antonio

36
Piccola brocca a polveri
con drago
Murano, 1880 ca.,
Salviati Dr. Antonio
Small a polveri jug with dragon
Murano, c. 1880,
Salviati Dr. Antonio

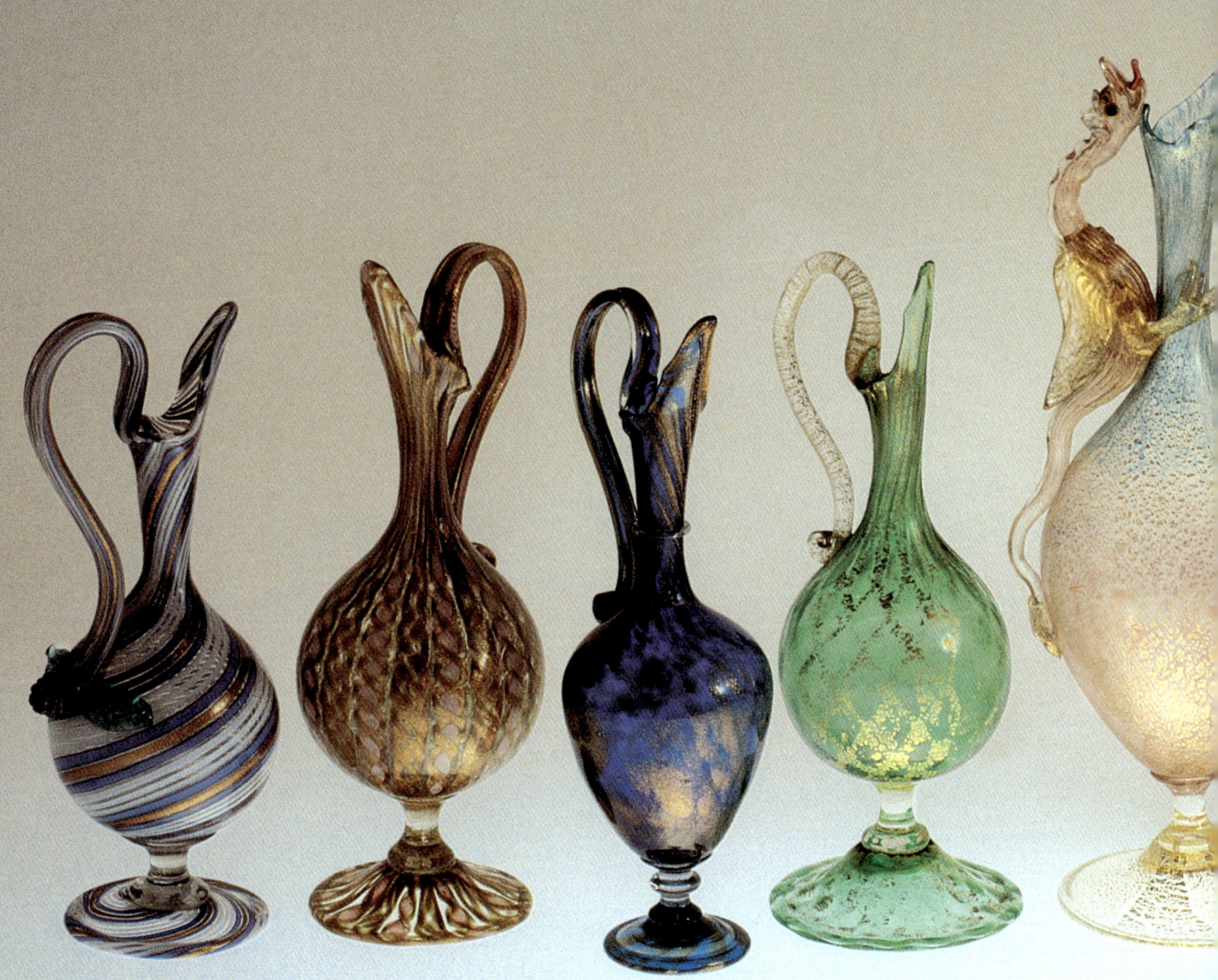

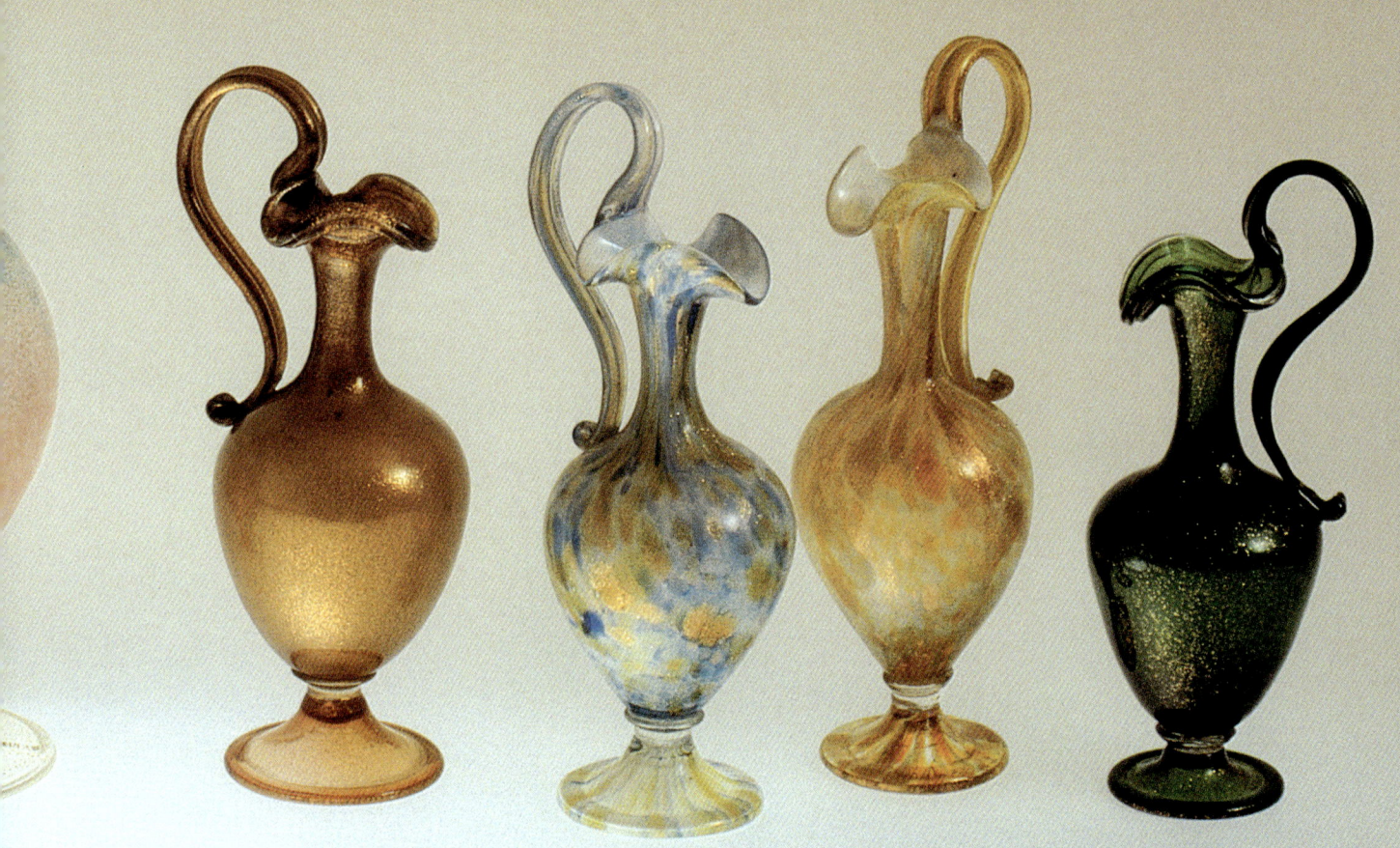

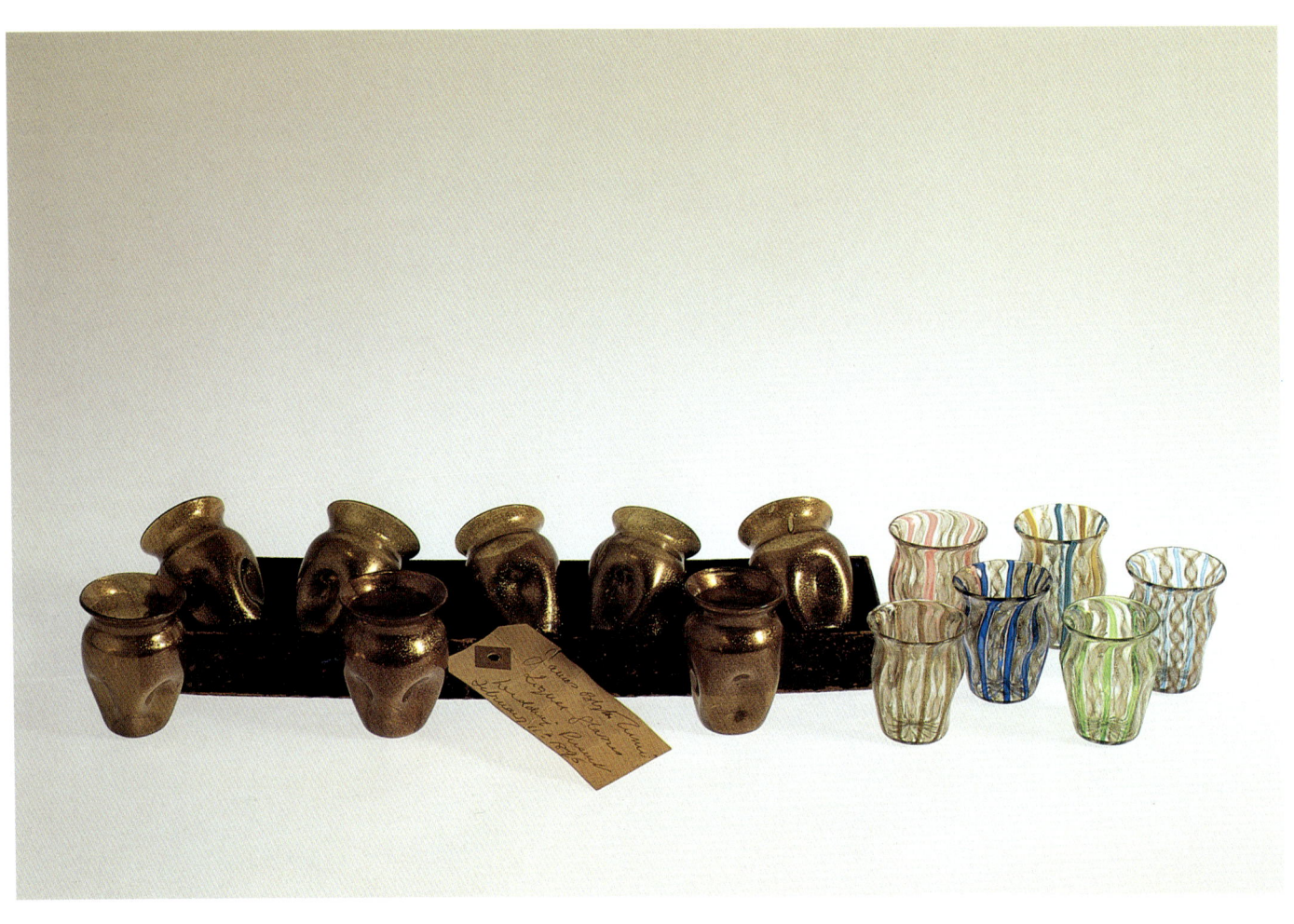

37
Piccola brocca
in avventurina tesa
Murano, 1870 ca., Società
Anonima per Azioni Salviati & C.
Small jug in blown aventurine
Murano, c. 1870, Società
Anonima per Azioni Salviati & C.

38
Piccola brocca
a macchie policrome
Murano, 1870 ca., Società
Anonima per Azioni Salviati & C.
Small jug with polychrome spots
Murano, c. 1870, Società
Anonima per Azioni Salviati & C.

39
Piccola brocca
a macchie policrome
Murano, 1870 ca., Società
Anonima per Azioni Salviati & C.
Small jug with polychrome spots
Murano, c. 1870, Società
Anonima per Azioni Salviati & C.

40
Piccola brocca verde
Murano, 1870 ca., Società
Anonima per Azioni Salviati & C.
Small green jug
Murano, c. 1870, Società
Anonima per Azioni Salviati & C.

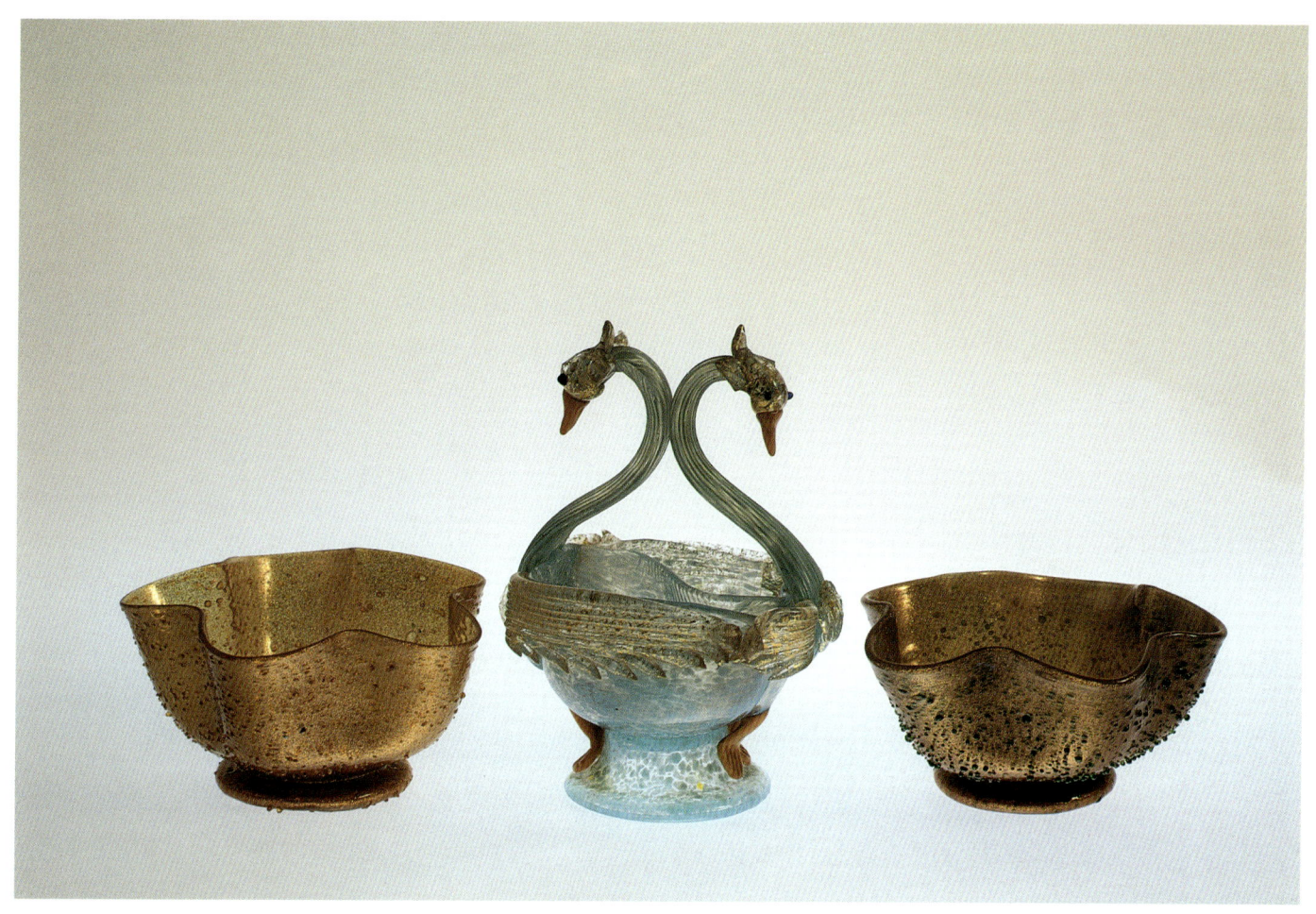

41
Otto piccoli bicchieri da rosolio
Murano, 1896, Artisti Barovier & C.
*Eight small glasses for rosolio
Murano, 1896, Artisti Barovier & C.*

42
Sei piccoli bicchieri da rosolio
Murano, 1890 ca.,
M. Q. Testolini
*Six small glasses for rosolio
Murano, c. 1890,
M. Q. Testolini*

43
Due piccole ciotole
in avventurina con granzioli
Murano, 1885 ca.,
Fratelli Barovier
*Two small aventurine bowls
with granzioli
Murano, c. 1885,
Fratelli Barovier*

44
Porta pepe e sale
a forma di cigni
Murano, 1885 ca.,
Fratelli Barovier
*Swan-shaped
salt and pepper dish
Murano, c. 1885,
Fratelli Barovier*

27

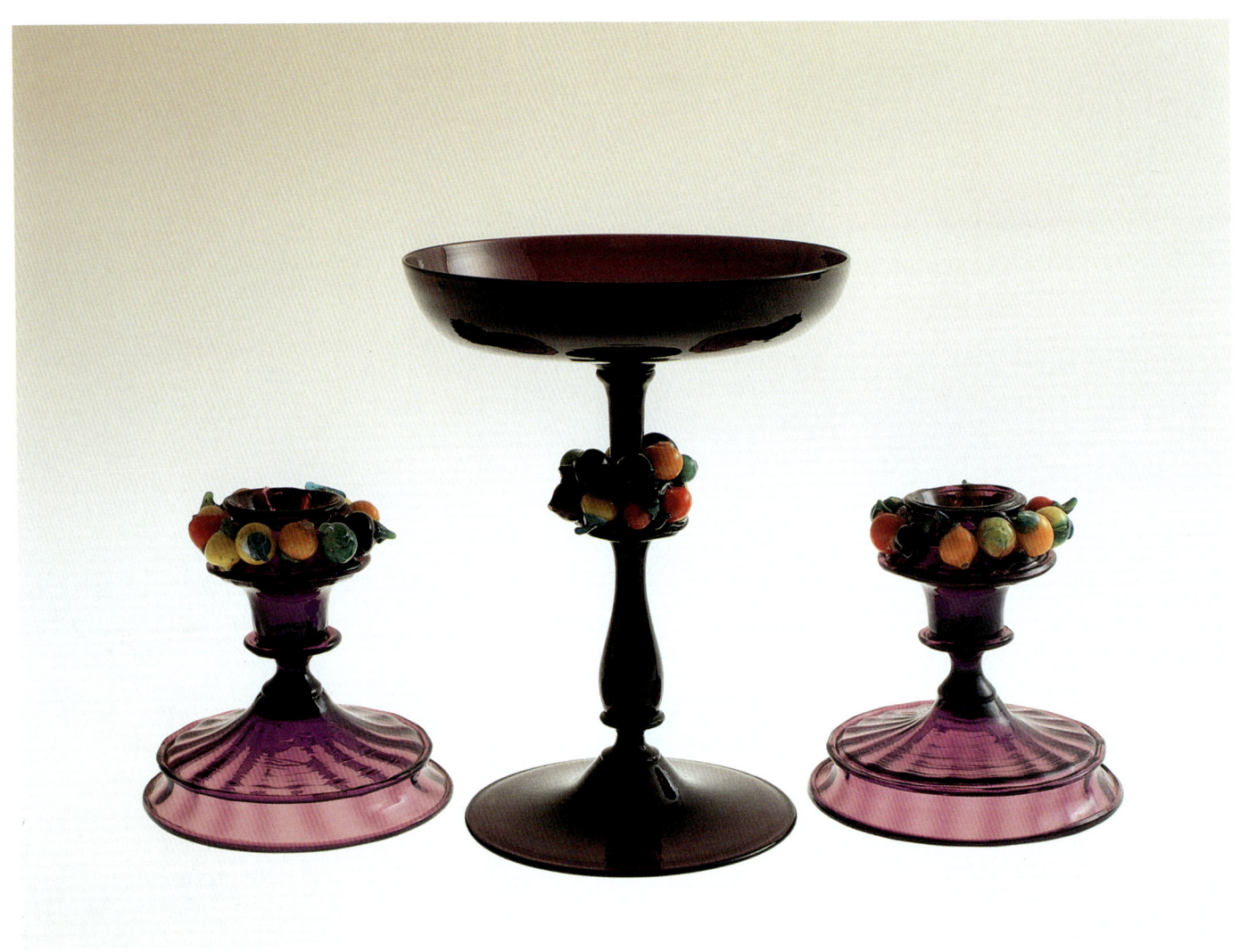

45
Due candelieri con fruttini
Murano, primo '900,
manifattura non identificata
*Two candlesticks with fruit
Murano, early XX century,
maker unidentified*

46
Alzatina con fruttini
Murano, primo '900,
manifattura non identificata
*Fruitstand with fruit
Murano, early XX century,
maker unidentified*

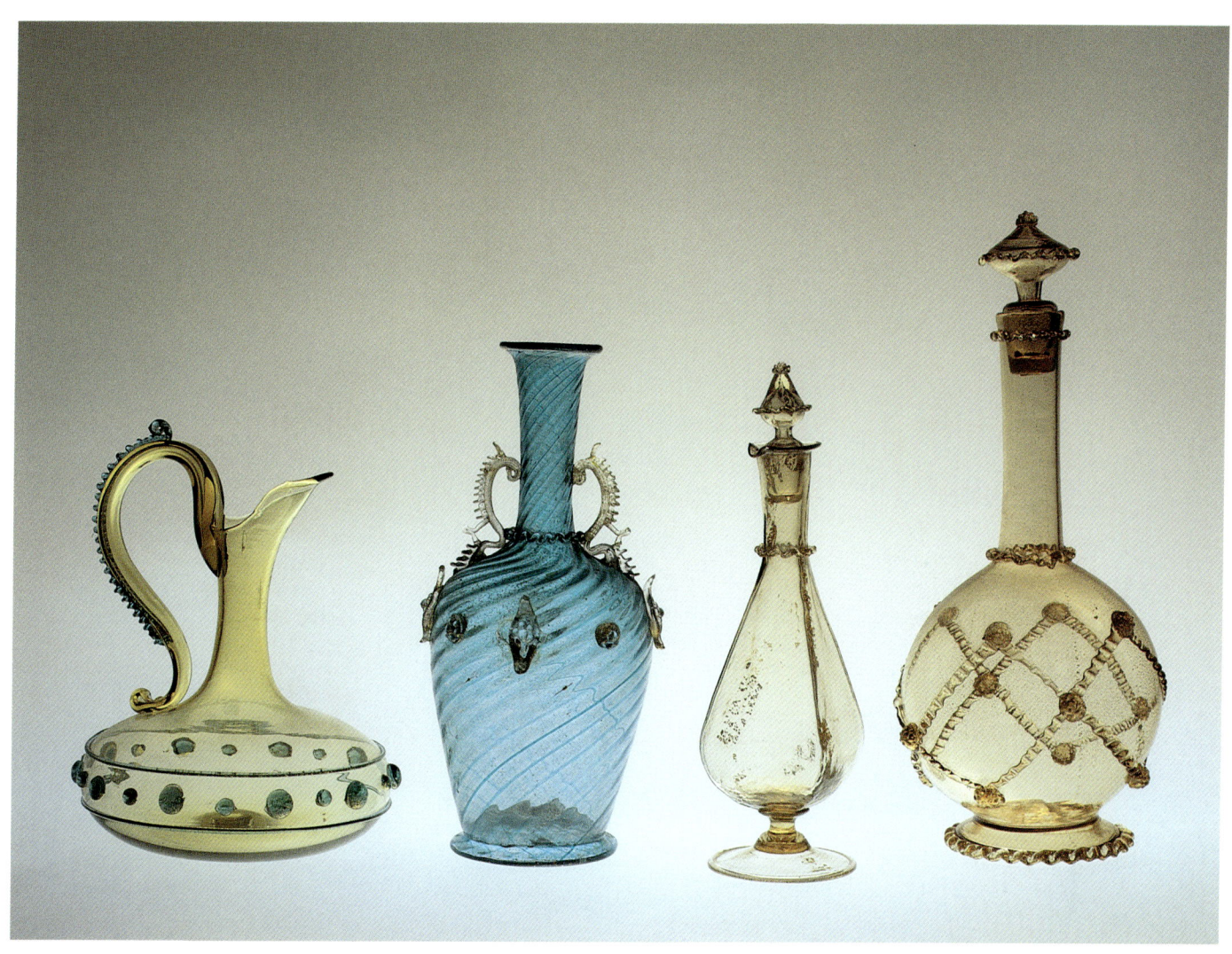

47
Brocca verde con applicazioni
Murano, 1890 ca.,
M. Q. Testolini
Decorated green jug
Murano, c. 1890,
M. Q. Testolini

48
Bottiglia acquamarina
con applicazioni
Murano, 1890 ca., Fratelli Toso
Decorated acquamarine bottle
Murano, c. 1890, Fratelli Toso

49
Ampolla fumé
Murano, 1885 ca.,
M. Q. Testolini
Small fumé jug
Murano, c. 1885,
M. Q. Testolini

50
Bottiglia fumé con applicazioni
Murano, 1890-1900,
Compagnia Venezia-Murano
Decorated fumé bottle
Murano, 1890-1900,
Compagnia Venezia-Murano

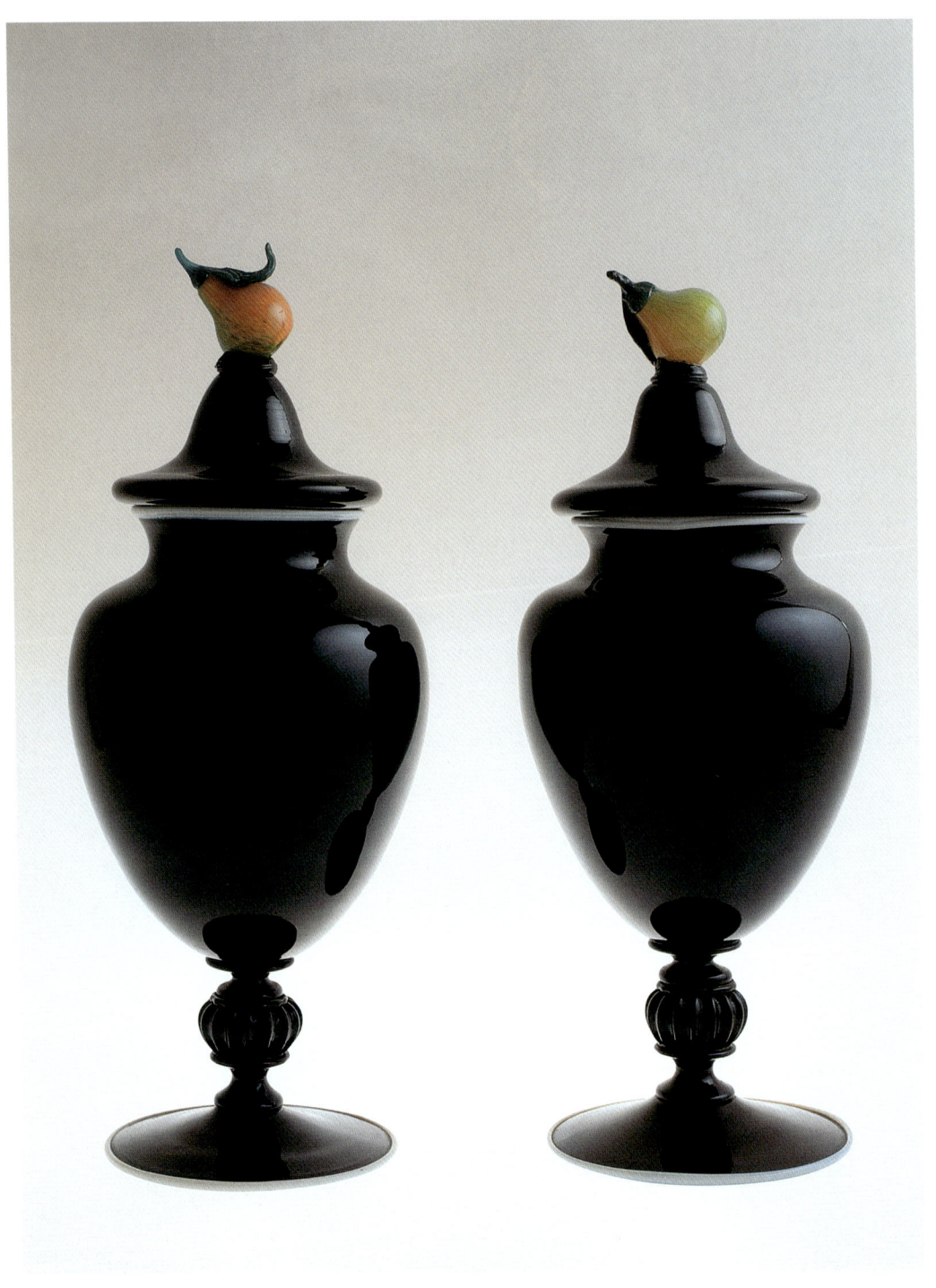

51
Due compostiere nere
con fruttino
Murano, primo '900,
Fratelli Toso
*Two black compote dishes
with fruit
Murano, early XX century,
Fratelli Toso*

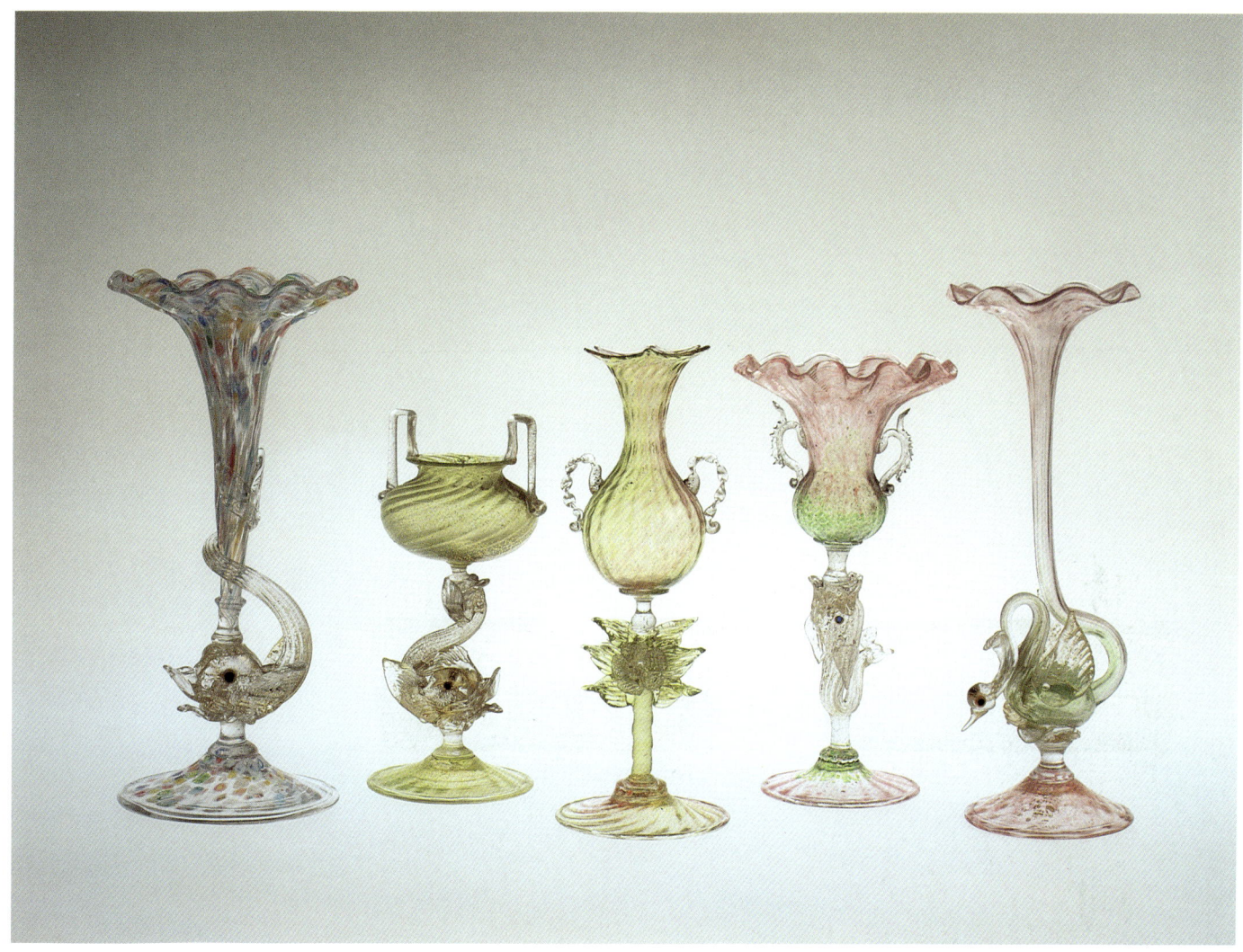

52
Vaso con murrine e delfino
Murano, 1890 ca.,
Fratelli Toso
Vase with murrine and dolphin
Murano, c. 1890,
Fratelli Toso

53
Piccolo vaso con delfino
Murano, 1890 ca.,
Fratelli Toso
Small vase with dolphin
Murano, c. 1890,
Fratelli Toso

54
Piccolo vaso con fiore
Murano, 1890 ca.,
prob. Napoleone Candiani
Small vase with flower
Murano, c. 1890,
prob. Napoleone Candiani

55
Piccolo vaso con delfino
Murano, 1890 ca.,
Fratelli Toso
Small vase with dolphin
Murano, c. 1890,
Fratelli Toso

56
Vaso a forma di cigno
Murano, 1895 ca.,
Giulio Salviati & C.
Vase in the shape of a swan
Murano, c. 1895,
Giulio Salviati & C.

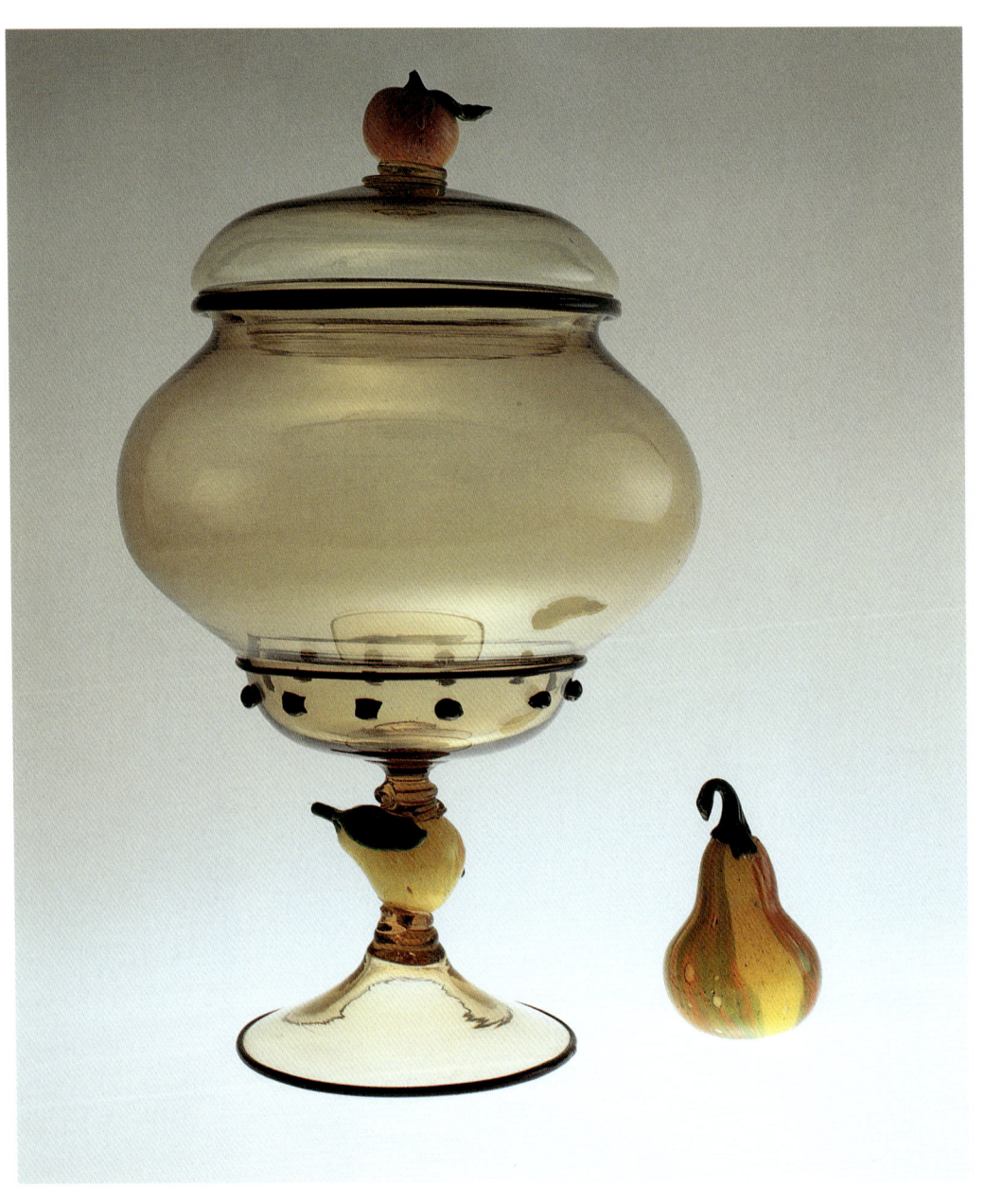

57
Compostiera fumé con fruttini
Murano, primo '900,
Fratelli Toso
*Fumé compote dish with fruit
Murano, early XX century,
Fratelli Toso*

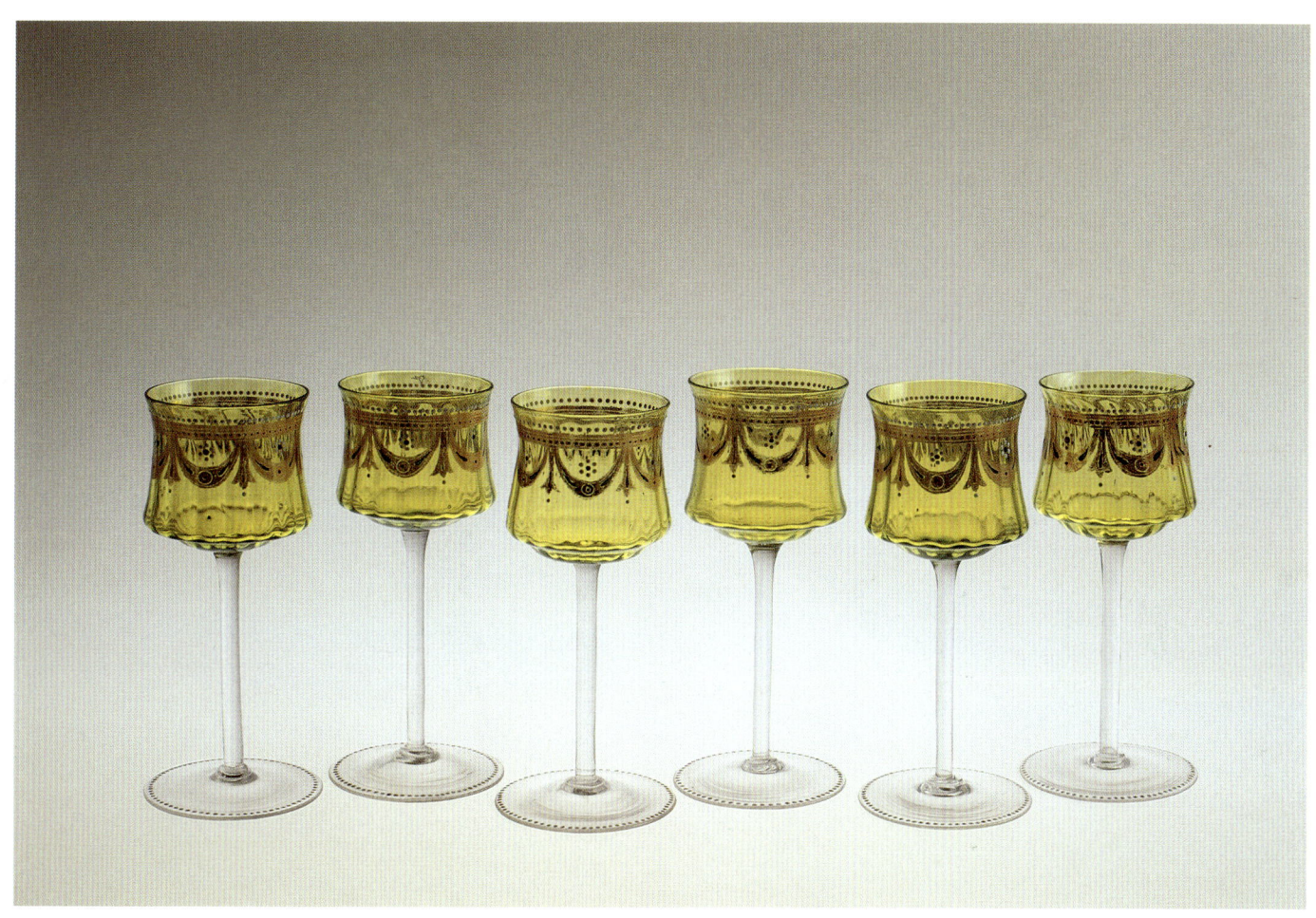

58
Sei calici da vino
Murano, 1890 ca.,
Compagnia Venezia-Murano
Six wine glasses
Murano, c. 1890,
Compagnia Venezia-Murano

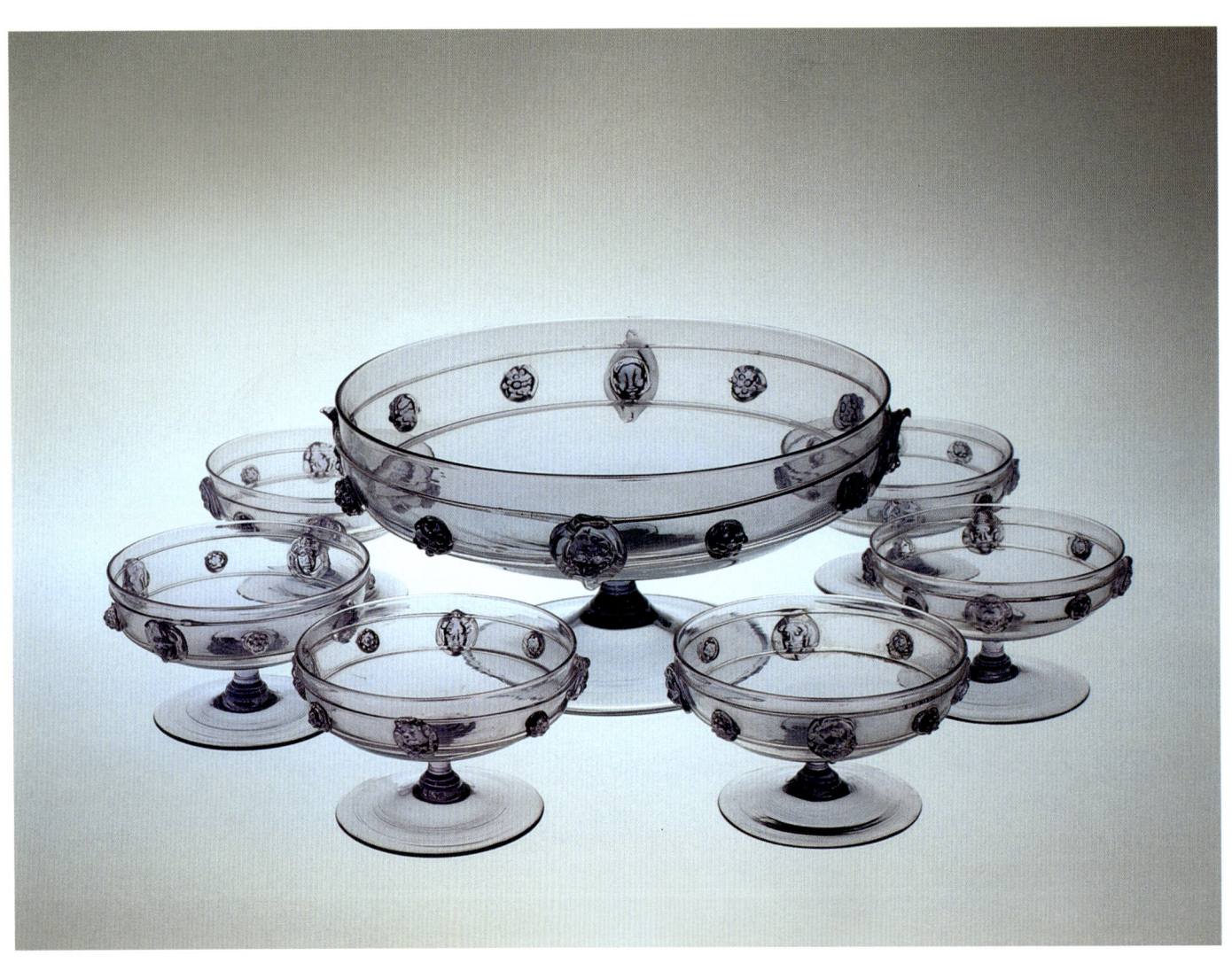

59
Servizio da dessert
Murano, 1900 ca.,
manifattura non identificata
*Dessert service
Murano, c. 1900,
maker unidentified*

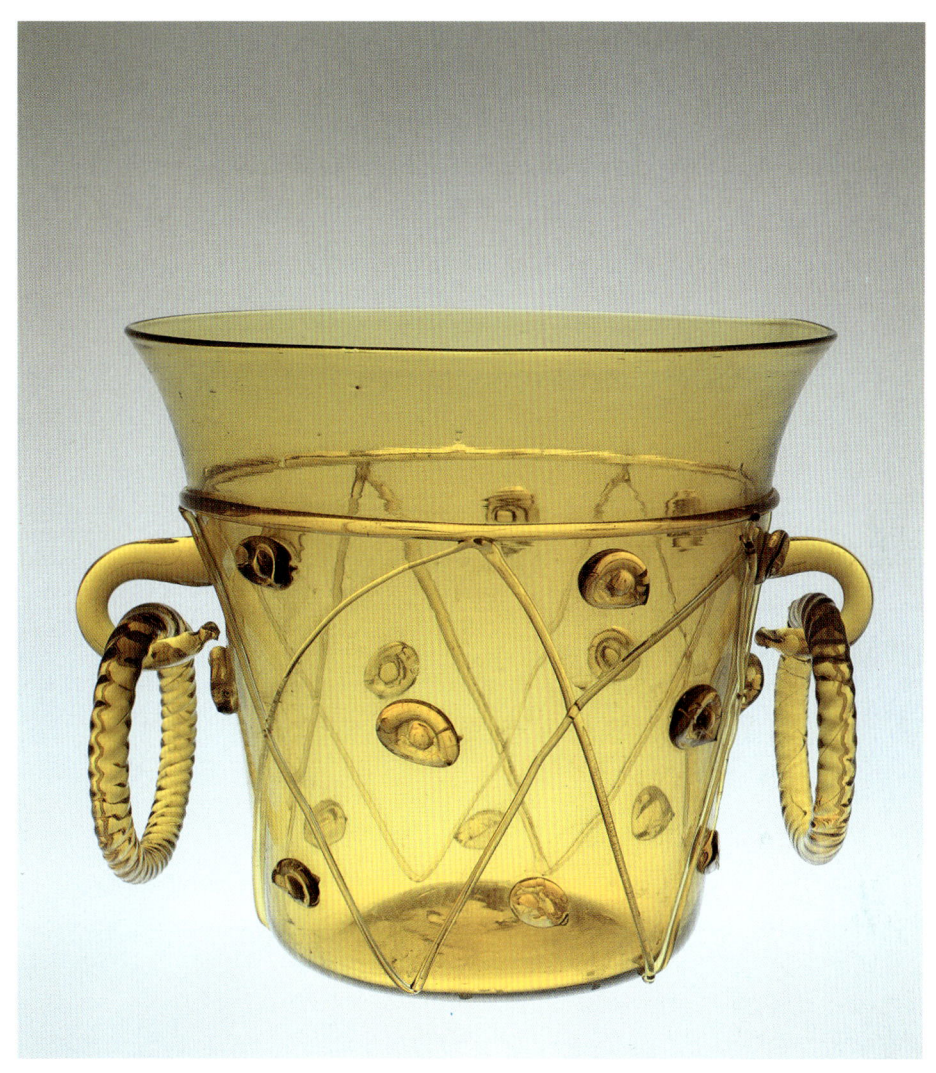

60
Secchiello da ghiaccio
Murano, primo '900,
manifattura non identificata
Ice bucket
Murano, early XX century,
maker unidentified

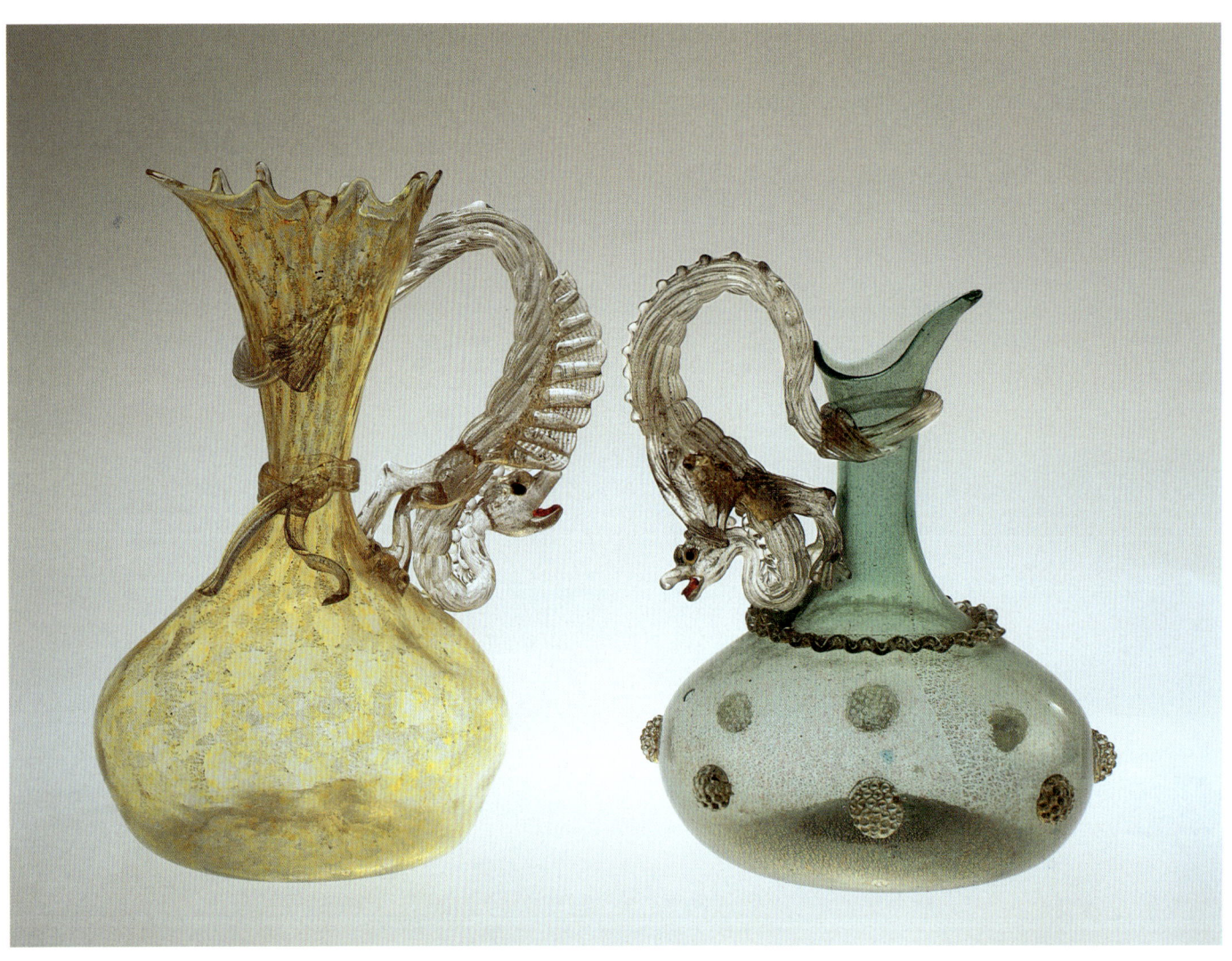

61
Brocca a sacchetto con drago
Murano, 1890 ca.,
Salviati Dr. Antonio
Bag-shaped jug with dragon
Murano, c. 1890,
Salviati Dr. Antonio

62
Brocca con drago
Murano, 1890 ca.,
Salviati Dr. Antonio
Jug with dragon
Murano, c. 1890,
Salviati Dr. Antonio

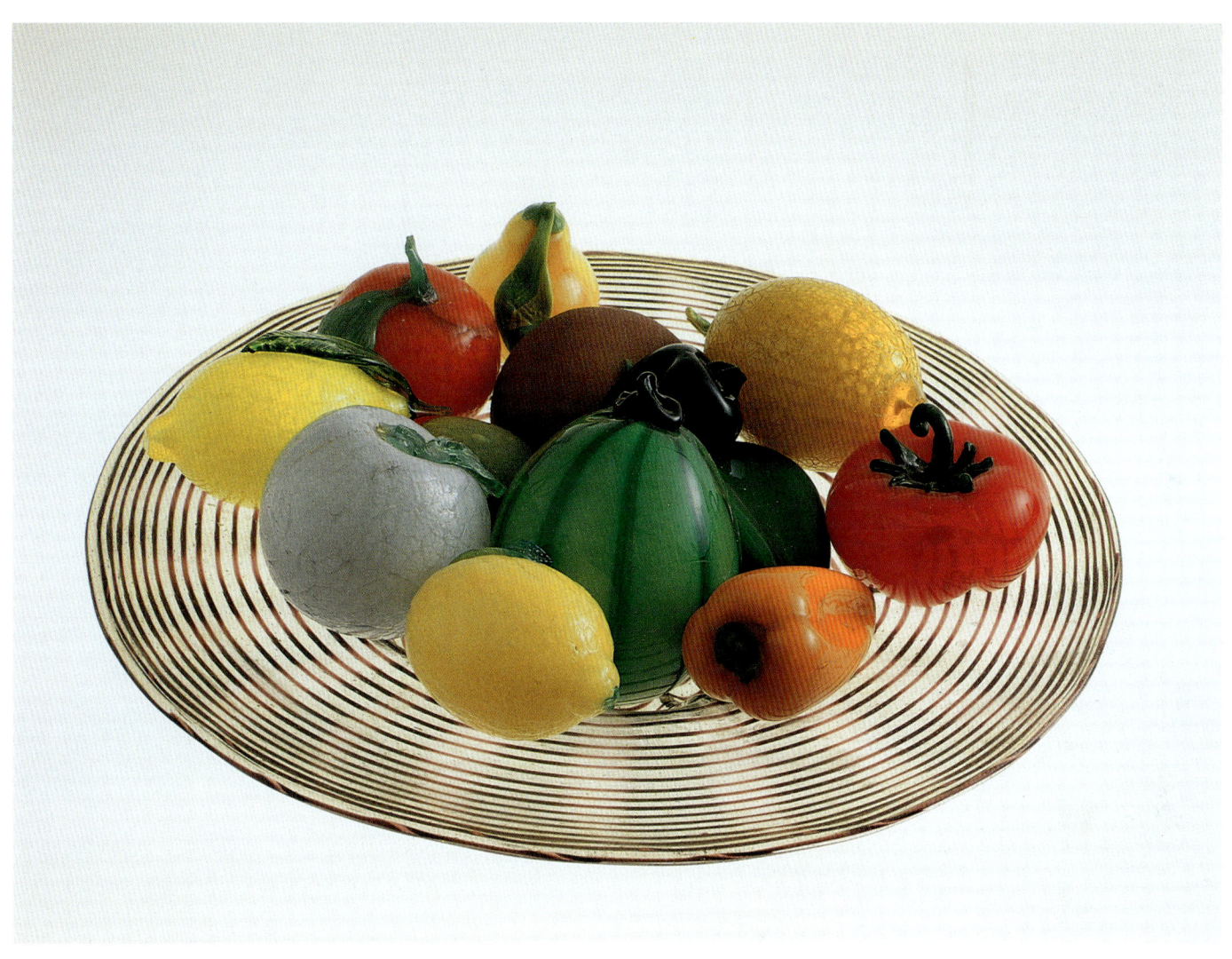

63
Piatto da parata con frutta
Murano, primo '900,
manifatture varie
Display plate with glass fruit
Murano, early XX century,
various makers

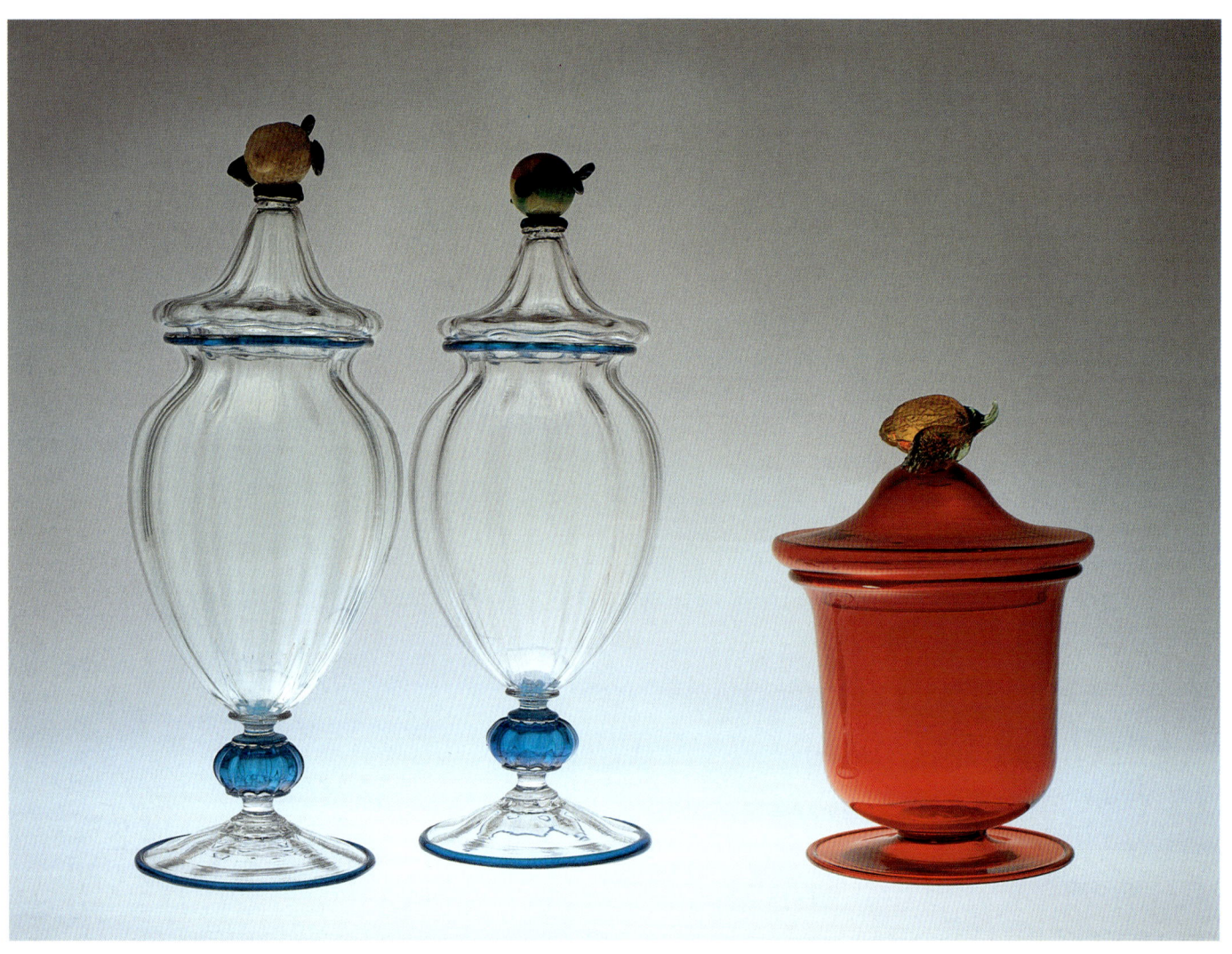

64
Due compostiere in cristallo
con fruttino
Murano, primo '900,
Fratelli Toso
*Two compote dishes in clear
glass with fruit
Murano, early XX century,
Fratelli Toso*

65
Compostiera rossa con fruttino
Murano, primo '900,
manifattura non identificata
*Red compote dish with fruit
Murano, early XX century,
maker unidentified*

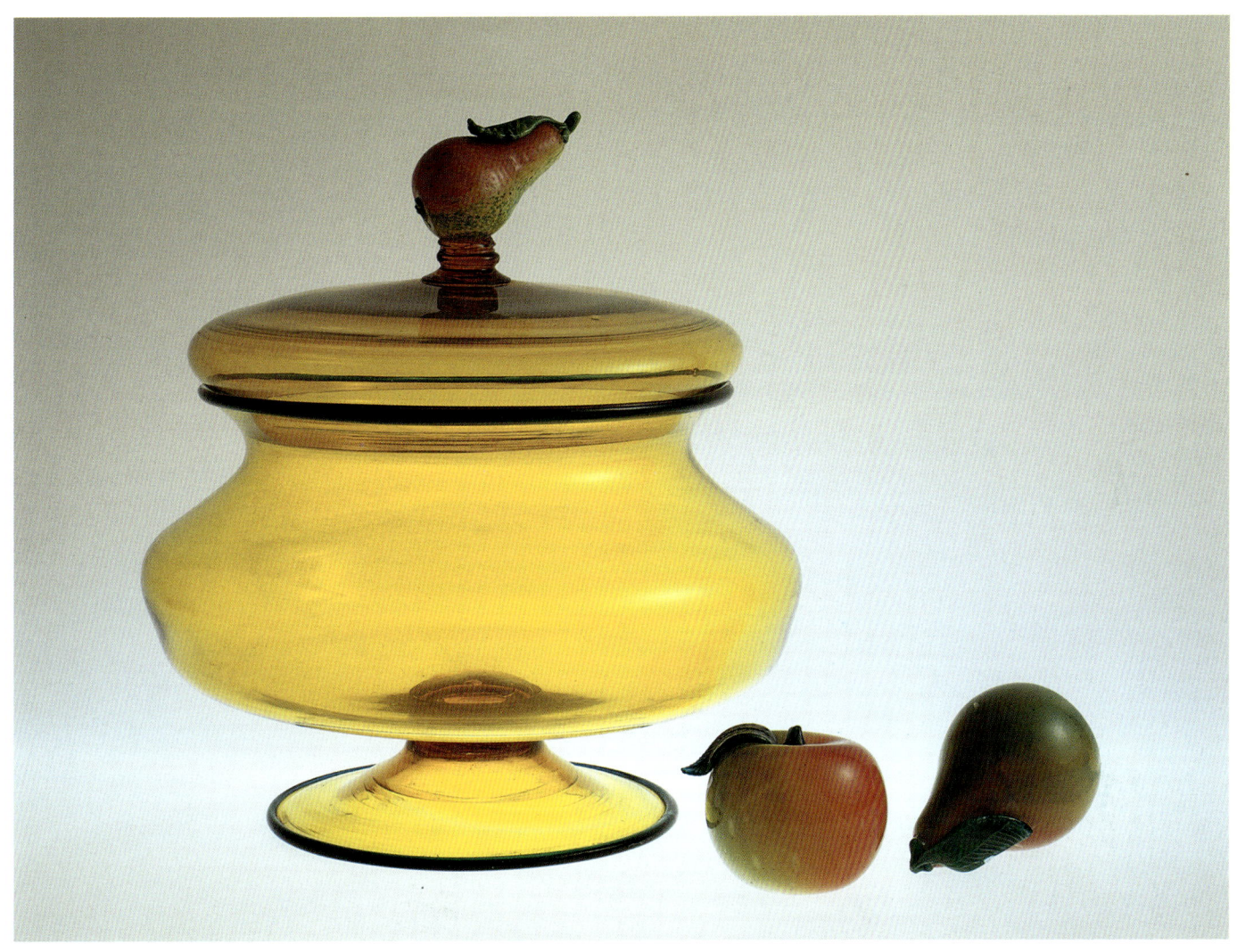

66
Grande compostiera ambra
con frutto
Murano, primo '900,
Fratelli Toso
*Large amber compote dish
with fruit
Murano, early XX century,
Fratelli Toso*

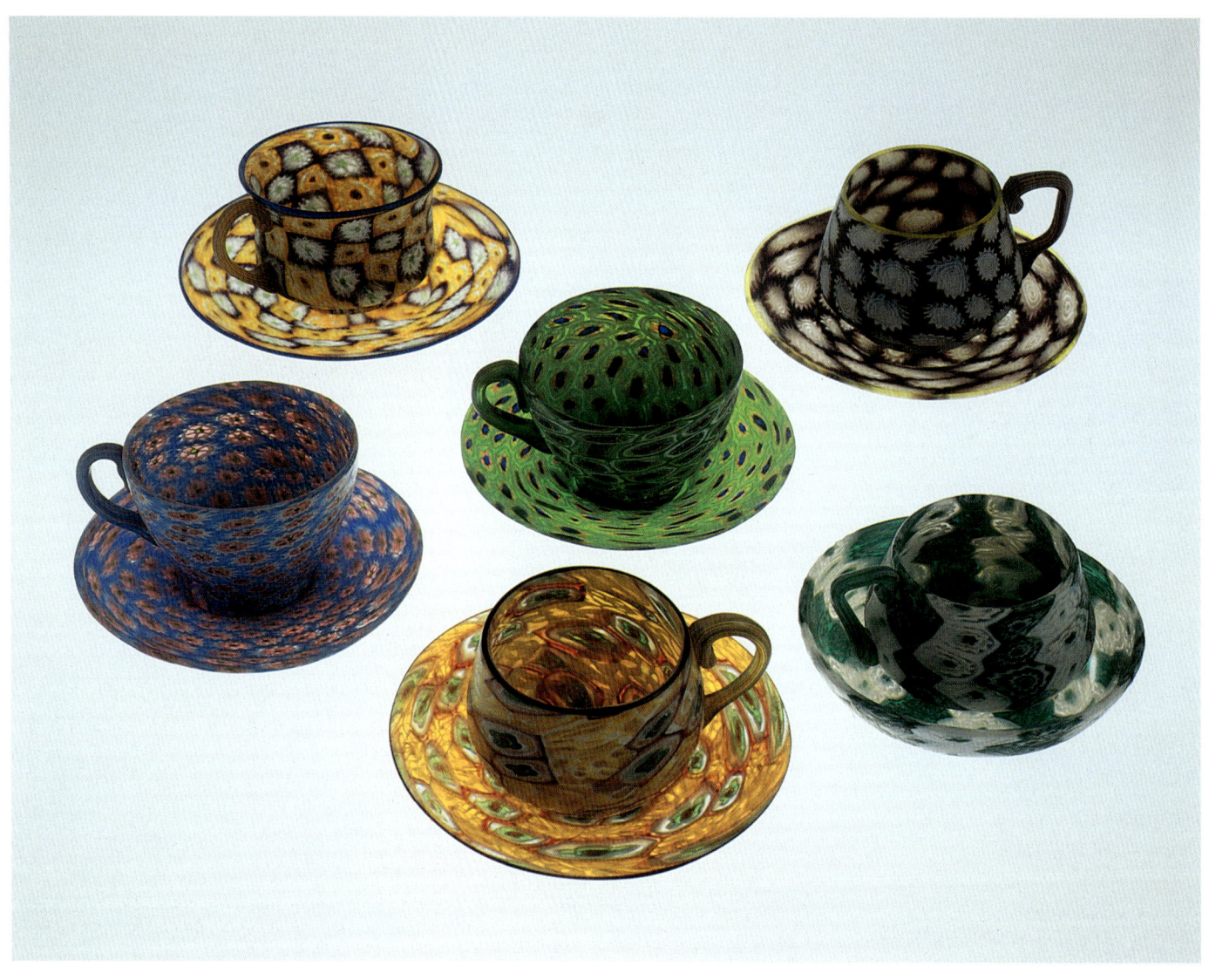

67
Tazza da caffè con piattino
Murano, 1905 ca.,
Ferro Toso & C.
*Coffee cup and saucer
Murano, c. 1905,
Ferro Toso & C.*

68
Tazza da caffè con piattino
Murano, 1910 ca., Fratelli Toso
*Coffee cup and saucer
Murano, c. 1910, Fratelli Toso*

69
Tazza da caffè con piattino
Murano, 1910 ca., Fratelli Toso
*Coffee cup and saucer
Murano, c. 1910, Fratelli Toso*

70
Tazza da caffè con piattino
Murano, 1905 ca.,
Ferro Toso & C.
*Coffee cup and saucer
Murano, c. 1905,
Ferro Toso & C.*

71
Tazza da caffè con piattino
Murano, 1905 ca.,
Ferro Toso & C.
*Coffee cup and saucer
Murano, c. 1905,
Ferro Toso & C.*

72
Tazza da caffè con piattino
Murano, 1910 ca., Fratelli Toso
*Coffee cup and saucer
Murano, c. 1910, Fratelli Toso*

Schede

Catalogue entries

1
Calice a tulipano
Murano, 1870 ca., Fratelli Toso
Tulip-shaped goblet
Murano, c. 1870, Fratelli Toso
h. cm 18,4 l. cm 6
Bevante a tulipano a canne alternate di reticello e avventurina con bordo ondulato, fusto a tre nodi, sul terzo tre more applicate, piede con orlo ribattuto all'ingiù.

2
Coppa in avventurina tesa
Murano, 1870 ca., Società Anonima per Azioni Salviati & C.
Cup in blown aventurine
Murano, c. 1870, Società Anonima per Azioni Salviati & C.
h. cm 10,5 l. cm 10,5
Bevante in avventurina tesa con interno rubino, piede e gambo in cristallo.

3
Coppa a canne di avventurina
Murano, 1880 ca., Salviati Dr. Antonio
Cup in aventurine cane
Murano, c. 1880, Salviati Dr. Antonio
h. cm 19 l. cm 9,5
Bevante a canne retorte di avventurina, fusto in cristallo con nodo a mezza stampatura con due protomi leonine, due ghirlande e due fiori, piede con orlo ribattuto all'ingiù.
Cfr. Catalogo A. Salviati, n. 400.

4
Bicchiere decorato a smalti
Murano, 1912 ca., prob. Vittorio Toso Borella
Enamelled drinking glass
Murano, c. 1912, prob. Vittorio Toso Borella
h. cm 10,2 l. cm 7,2
Bevante conico in cristallo decorato a smalti policromi con quattro delfini, due leoni e due aquile, e con una fascia di oro graffito con puntini di smalto bianco rosso e blu; piede svasato con otto gocce alternate rosso e blu. Copia di un esemplare della fine del XV secolo trovato nel 1902, rotto e incompleto, tra le macerie del campanile di San Marco. Francesco Toso Borella ne esegue una copia presentata nel 1903, e il figlio Vittorio, una presentata nel 1912. Etichetta rettangolare sotto il piede: "Glass 42".
Cfr. Catalogo Fratelli Toso, n. 1887; Tagliapietra 1979, p. 29; Bicchieri dell'Ottocento 1998, scheda 24.

5
Bicchiere decorato a smalti
Murano, 1912 - 1920, bottega Toso Borella
Enamelled drinking glass
Murano, 1912 - 1920, bottega Toso Borella
h. cm 13,5 l. cm 11
Vedi n. 4; esemplare di altra mano.
Cfr. Catalogo Fratelli Toso, n. 1887; Tagliapietra 1979, p. 29; Bicchieri dell'Ottocento 1998, scheda 22.

6
Tazza e piatto decorati a smalti
Murano, 1885 ca., Compagnia Venezia-Murano
Enamelled cup and plate
Murano, c. 1885, Compagnia Venezia-Murano
Tazza h. cm 9 l. cm 6,5; piatto h. cm 2,2 l. cm 15,5
Tazza a botte in cristallo, decorata a losanghe in smalto rosso lacca, verde, blu e bianco con foglia d'oro, con puntini in smalto bianco sui vertici, manico a foggia di serpente alato in cristallo con foglia d'oro, lingua in smalto bianco coperto di rubino, occhi di murrina; piatto come la tazza.
Cfr. Barr 1998, p. 58.

7
Cornucopia girasol a forma di cavallo alato
Murano, 1885 ca., Compagnia Venezia-Murano
Ribbed opaline cornucopia in the shape of a winged horse
Murano, c. 1885, Compagnia Venezia-Murano
h. cm 26 l. cm 9
Corpo girasol a forma di cornucopia con bocca ondulata con lobi a tre punte, corpo costolato con morisa; cavallo con ali e zampe in cristallo con foglia d'oro, bocca aperta, occhi in murrina; piede costolato con orlo ribattuto all'ingiù e filo acquamarina.

8
Bottiglia girasol con morise rubino
Murano, 1885 ca., Compagnia Venezia-Murano
Ribbed opaline bottle with rubino morise
Murano, c. 1885, Compagnia Venezia-Murano
h. cm 24,5 l. cm 13
Corpo girasol rigadin retorto con applicazioni a polveri rubino: sei morise unite da un filo ondulato, sei more, tre fili ondulati a diverse altezze, bocca con filo sull'orlo; tappo a cuspide rigadin retorto con filo e mora.
Cfr. Catalogo CVM, n. 400.

9
Bottiglia e piatto girasol
Murano, 1880 ca., Salviati Dr. Antonio
Ribbed opaline bottle and plate
Murano, c. 1880, Salviati Dr. Antonio
Bottiglia h. cm 25,5 l. cm 17; piatto l. cm 19
Corpo girasol rigadin retorto con sei morise sul corpo, tre fili ondulati e sei more sul collo; piatto leggerissimo.
Cfr. Catalogo Salviati & Co., n. 527.

10
Lavadita a canne con piatto
Murano, 1895 ca., Compagnia Venezia-Murano
Finger-bowl with plate
Murano, c. 1895, Compagnia Venezia-Murano
Ciotola h. cm 7,5 l. cm 13; piatto h. cm 3,5 l. cm 18,5
Ciotola a canne alternate turchese, retortoli lattimo e zanfirico di avventurina, bordo a corolla con sei tese, piede ricavato dal corpo; piatto come la ciotola.
Cfr. Catalogo CVM, p. 24.

11
Lavadita a canne con piatto
Murano, 1895 ca., Fratelli Toso
Finger-bowl with plate
Murano, c. 1895, Fratelli Toso
Ciotola h. cm 7 l. cm 13; piatto h. cm 3 l. cm 16,5
Ciotola a canne alternate gialle, retortoli lattimo e zanfirico di avventurina, bordo a corolla con sei tese, piede ricavato dal corpo; piatto come la ciotola.
Cfr. Catalogo Fratelli Toso, n. 1406.

12
Lavadita a canne con piatto
Murano, 1895 ca., Compagnia Venezia-Murano
Finger-bowl with plate
Murano, c. 1895, Compagnia Venezia-Murano
Ciotola h. cm 7 l. cm 13,5; piatto h. cm 4 l. cm 17
Ciotola a canne alternate verdi e zanfirico di avventurina, bordo a corolla con sei tese, piede ricavato dal corpo; piatto come la ciotola.
Cfr. Catalogo CVM, Dinner Table p. 24.

13
Coppa con gemme
Murano, 1895 - 1900 ca., Compagnia Venezia-Murano
Cup with gems
Murano, c. 1895 - 1900, Compagnia Venezia-Murano
h. cm 11 l. cm 10
Bevante conico in cristallo con alla base tre gemme acquamarina, alto piede svasato.

14
Coppa con applicazioni
Murano, 1890 ca., Compagnia Venezia-Murano
Decorated cup
Murano, c. 1890, Compagnia Venezia-Murano
h. cm 11,5 l. cm 9
Bevante in cristallo con filo acquamarina e alla base otto morise pinzate applicate a raggiera, nodo in cristallo pieno con sette gocce acquamarina, piede in cristallo.

15
Calice da liquore
Murano, 1870 ca., Società Anonima per Azioni Salviati & C.
Liqueur glass
Murano, c. 1870, Società Anonima per Azioni Salviati & C.
h. cm 10 l. cm 5,5
Bevante fumé con filo di avventurina sull'orlo, sei gocce acquamarina alla base della coppa, fusto rigadin vuoto, piede rigadin con filo di avventurina sull'orlo.

16
Calice da liquore
Murano, 1870 ca., Società Anonima per Azioni Salviati & C.
Liqueur glass
Murano, c. 1870, Società Anonima per Azioni Salviati & C.
h. cm 9 l. cm 5,4
Bevante in cristallo rigadin retorto con filo di avventurina sull'orlo e cinque more acquamarina, doppio fusto in cristallo retorto, piede conico rigadin con filo di avventurina gettato a spirale.

17
Calice da liquore
Murano, 1870 ca., Società Anonima per Azioni Salviati & C.
Liqueur glass
Murano, c. 1870, Società Anonima per Azioni Salviati & C.
h. cm 11 l. cm 5
Bevante in cristallo con alla base sei gocce acquamarina, fusto vuoto a cinque nodi costolati, piede a disco.

18
Calice a canne retorte
Murano, 1870 ca., Società Anonima per Azioni Salviati & C.
Goblet in spiral pattern
Murano, c. 1870, Società Anonima per Azioni Salviati & C.
h. cm 14 l. cm 7,5
Bevante a canne retorte ametista, lattimo e avventurina, fusto vuoto con strozzatura in cristallo con foglia d'oro, piede come il bevante.
Cfr. Dorigato 1983, scheda 90.

19
Coppa a canne retorte
Murano, 1870 ca., Società Anonima per Azioni Salviati & C.
Cup in spiral pattern
Murano, c. 1870, Società Anonima per Azioni Salviati & C.
h. cm 10,5 l. cm 10
Bevante a canne retorte rubino, lattimo e avventurina, fusto in cristallo a fascia stampata retorta con morise, piede come il bevante.
Cfr. Catalogo Salviati & Co, n. 354; Dorigato 1983, scheda 89; Bicchieri dell'Ottocento 1998, schede 31 - 33.

20
Calice da Porto
Murano, 1870 ca., Società Anonima per Azioni Salviati & C.
Port glass
Murano, c. 1870, Società Anonima per Azioni Salviati & C.
h. cm 16 l. cm 11
Bevante a canne retorte verde, lattimo e avventurina, fusto e piede in cristallo.

21
Calice da vino
Murano, 1870 ca., Società Anonima per Azioni Salviati & C.
Wine glass
Murano, c. 1870, Società Anonima per Azioni Salviati & C.
h. cm 15,5 l. cm 9
Bevante in cristallo decorato con una fascia a festoni in oro graffito con puntini di smalto bianco, rosso, blu e verde, fusto vuoto a bulbo, largo piede.
Cfr. Dorigato 1983, scheda 90.

22
Coppa quadrilobata
Murano, 1870 ca., Società Anonima per Azioni Salviati & C.
Quadrilobe cup
Murano, c. 1870, Società Anonima per Azioni Salviati & C.
h. cm 12 l. cm 10
Bevante in cristallo quadrilobato con strozzatura, bordo decorato a smalto rosso, verde, blu e bianco con foglia d'oro, falco in oro graffito (probabilmente il pezzo è stato decorato su ordinazione), fusto vuoto a bulbo, piede con orlo ribattuto all'ingiù.

23
Coppa quadrilobata
Murano, 1870 ca., Società Anonima per Azioni Salviati & C.
Quadrilobe cup
Murano, c. 1870, Società Anonima per Azioni Salviati & C.
h. cm 12 l. cm 9,5
Bevante acquamarina quadrilobato con strozzatura, bordo decorato a smalto verde, blu, lacca e bianco con foglia d'oro, fusto vuoto a bulbo, piede con orlo ribattuto all'ingiù; il modello riprende un tipo veneziano del XVIII secolo.

24
Coppa da champagne
Murano, 1890 ca., Compagnia Venezia-Murano
Champagne glass
Murano, c. 1890, Compagnia Venezia-Murano
h. cm 11,5 l. cm 10

Bevante in cristallo quasi interamente coperto da una ricca decorazione ad oro graffito e smalti: sul bevante quattro ciocche appese a tre nastri sormontati da puntini di smalto; al centro, sul fusto e sul piede, un decoro a palmette con smalto bianco, turchese, lacca e verde.

25
Lavadita a canne con piatto
Murano, 1885 ca., Compagnia Venezia-Murano
Finger-bowl with plate
Murano, c. 1885, Compagnia Venezia-Murano
Ciotola h. cm 5 l. cm 15; piatto h. cm 2,5 l. cm 18
Ciotola a canne rubino, lattimo e avventurina, filo di avventurina sull'orlo, due protomi a forma di conchiglia con testa di putto, piede ricavato dal corpo; piatto come la ciotola.

26
Lavadita acquamarina con piatto
Murano, 1885 ca., Compagnia Venezia-Murano
Acquamarine finger-bowl with plate
Murano, c. 1885, Compagnia Venezia-Murano
Ciotola h. cm 5,7 l. cm 11,8; piatto h. cm 2,4 l. cm 18,5
Ciotola acquamarina rigadin retorto con filo di avventurina sull'orlo, piede ricavato dal corpo; piatto come la ciotola.
Cfr. Catalogo CVM, servizio n. 10.

27
Lavadita a canne con piatto
Murano, 1885 ca., Compagnia Venezia-Murano
Finger-bowl with plate
Murano, c. 1885, Compagnia Venezia-Murano
Ciotola h. cm 5,8 l. cm 10; piatto h. cm 2,5 l. cm 18
Ciotola a canne retorte di avventurina, due protomi a forma di conchiglia con testa di putto, piede ricavato dal corpo; piatto come la ciotola.

28
Sei bicchieri troncoconici
Murano, 1870 ca., Società Anonima per Azioni Salviati & C.
Six conical drinking glasses
Murano, c. 1870, Società Anonima per Azioni Salviati & C.
h. cm 8,8 l. cm 6,8
Bevante troncoconico fumé rigadin retorto con filo di avventurina sull'orlo.

29
Bicchiere troncoconico
Murano, 1870 ca., Società Anonima per Azioni Salviati & C.
Conical drinking glass
Murano, c. 1870, Società Anonima per Azioni Salviati & C.
h. cm 8,3 l. cm 6
Bevante troncoconico a canne retorte di avventurina e lattimo con filo rubino sull'orlo.
Cfr. Catalogo Salviati & Co., n. 13; Dorigato 1983, scheda 103; Bicchieri dell'Ottocento 1998, schede 7 e 8.

30
Bicchiere troncoconico
Murano, 1870 ca., Società Anonima per Azioni Salviati & C.
Conical drinking glass
Murano, c. 1870, Società Anonima per Azioni Salviati & C.
h. cm 8,3 l. cm 5,6
Bevante troncoconico a canne retorte di lattimo incamiciato di rubino, avventurina e lattimo, con filo di avventurina sull'orlo.
Cfr. Catalogo Salviati & Co., n. 13; Dorigato 1983, scheda 103; Bicchieri dell'Ottocento 1998, schede 7 e 8.

31
Bicchiere troncoconico
Murano, 1870 ca., Società Anonima per Azioni Salviati & C.
Conical drinking glass
Murano, c. 1870, Società Anonima per Azioni Salviati & C.
h. cm 8,4 l. cm 5,5
Bevante troncoconico a canne retorte di avventurina con dodici gocce alternate in rubino e lattimo.
Cfr. Catalogo Salviati & Co., n. 13; Bicchieri dell'Ottocento 1998, schede 7 e 8.

32
Piccola brocca a canne
Murano, 1870, Società Anonima per Azioni Salviati & C.
Small jug
Murano, c. 1870, Società Anonima per Azioni Salviati & C.
h. cm 19 l. cm 8
Corpo a canne retorte lilla, lattimo e avventurina, con becco allungato, manico a doppia ansa con alla base due foglie e una mora ametista, giunto in cristallo, piede come il corpo con orlo ribattuto all'ingiù.

33
Piccola brocca a canne
Murano, 1880 ca., Salviati Dr. Antonio
Small jug
Murano, c. 1880, Salviati Dr. Antonio
h. cm 19 l. cm 7
Corpo a canne di avventurina alternate con canne di zanfirico rubino e avventurina, becco a punta, manico a doppia ansa con costolatura centrale, giunto e piede in cristallo con orlo ribattuto all'ingiù.
Cfr. Catalogo A. Salviati, n. 205.

34
Piccola brocca blu a macchie
Murano, 1885 ca., Salviati Dr. Antonio
Small blue mottled jug
Murano, c. 1885, Salviati Dr. Antonio
H cm 19,5 l. cm 7
Corpo blu a macchie di avventurina, becco allungato, anello in cristallo sul collo, manico a doppia ansa con costolatura centrale, nodo schiacciato, piede come il corpo con orlo ribattuto all'ingiù.
Cfr. Catalogo Salviati & C., n. 948.

35
Piccola brocca verde
Murano, 1880 ca., Salviati Dr. Antonio
Small green jug
Murano, c. 1880, Salviati Dr. Antonio
h. cm 19 l. cm 8
Corpo verde con foglia d'oro a baloton, becco allungato, manico a doppia ansa in cristallo con foglia d'oro, giunto in cristallo, piede come il corpo con orlo ribattuto all'ingiù.
Cfr. Catalogo A. Salviati, n. 205.

36
Piccola brocca a polveri con drago
Murano, 1880 ca., Salviati Dr. Antonio
Small a polveri jug with dragon
Murano, c. 1880, Salviati Dr. Antonio
h. cm 26,5 l. cm 11
Corpo a polveri rubino e acquamarina con foglia d'oro, becco allungato, manico a forma di drago alato a polveri rubino con foglia d'oro, coda a punta di freccia, giunto in cristallo, piede con foglia d'oro e orlo ribattuto all'ingiù.
Cfr. Catalogo Salviati & Co., n. 581.

37
Piccola brocca in avventurina tesa
Murano, 1870, Società Anonima per Azioni Salviati & C.
Small jug in blown aventurine
Murano, c. 1870, Società Anonima per Azioni Salviati & C.
h. cm 18,5 l. cm 7

Corpo in avventurina tesa, bocca trilobata con doppio orlo ribattuto all'infuori, manico a doppia ansa con costolatura centrale, piede con interno rubino e orlo ribattuto all'ingiù.

38
Piccola brocca a macchie policrome
Murano, 1870 ca., Società Anonima per Azioni Salviati & C.
Small jug with polychrome spots
Murano, c. 1870, Società Anonima per Azioni Salviati & C.
h. cm 18,5 l. cm 7
Corpo girasol a macchie blu, verde e avventurina, bocca trilobata, manico a doppia ansa con costolatura centrale, piede come il corpo con orlo ribattuto all'ingiù.

39
Piccola brocca a macchie policrome
Murano, 1870 ca., Società Anonima per Azioni Salviati & C.
Small jug with polychrome spots
Murano, c. 1870, Società Anonima per Azioni Salviati & C.
h. cm 20 l. cm 7,5
Corpo girasol a macchie gialle e avventurina, bocca trilobata, manico a doppia ansa con costolatura centrale, piede come il corpo con orlo ribattuto all'ingiù.

40
Piccola brocca verde
Murano, 1870 ca., Società Anonima per Azioni Salviati & C.
Small green jug
Murano, c. 1870, Società Anonima per Azioni Salviati & C.
h. cm 16,5 l. cm 7
Corpo verde smeraldo con schegge fini di avventurina, doppio orlo ribattuto all'infuori, manico a doppia ansa con costolatura centrale, piede come il corpo con orlo ribattuto all'ingiù.

41
Otto piccoli bicchieri da rosolio
Murano, 1896, Artisti Barovier & C.
Eight small glasses for rosolio
Murano, 1896, Artisti Barovier & C.
h. cm 5 l. cm 3
Bevante in avventurina tesa con quattro depressioni ai lati e strozzatura sotto il bordo; scatola originale con etichetta con il nome del proprietario e la data del matrimonio (11 febbraio 1896).
Cfr. Barovier Mentasti 1982, scheda 231; Bicchieri dell'Ottocento 1998, schede 15 e 16, disegno p. 50.

42
Sei piccoli bicchieri da rosolio
Murano, 1890 ca., M. Q. Testolini
Six small glasses for rosolio
Murano, c. 1890, M. Q. Testolini
h. cm 4,5 l. 3,5
Bevante a canne alternate di avventurina, zanfirico e vetro colorato (diverso per ogni bicchiere), con quattro depressioni sui lati e strozzatura sotto il bordo, secondo un modello che deriva da esempi romani.
Cfr. Catalogo Testolini, n. 781; Bicchieri dell'Ottocento 1998, schede 15 e 16, disegno p. 50.

43
Due piccole ciotole in avventurina con granzioli
Murano, 1885 ca., Fratelli Barovier
Two small aventurine bowls with granzioli
Murano, c. 1885, Fratelli Barovier
h. cm 4,8 l. cm 9
Due piccole ciotole in avventurina tesa con granzioli verdi e gialli, a forma di corolla a cinque tese, bordo ondulato, piede ricavato dal corpo; probabilmente porta pepe e sale.

44
Porta pepe e sale a forma di cigni
Murano, 1885 ca., Fratelli Barovier
Swan-shaped salt and pepper dish
Murano, c. 1885, Fratelli Barovier
h. cm 12 l. cm 12
Corpo in cristallo con granzioli turchese, diviso in due contenitori porta pepe e sale a forma di cigni, ali in cristallo rigadin con foglia d'oro aderenti al corpo, becchi e zampe coperti di arancione, occhi blu a goccia, piede come il corpo.

45
Due candelieri con fruttini
Murano, primo '900, manifattura non identificata
Two candlesticks with fruit
Murano, early XX century, maker unidentified
h. cm 11 l. cm 11
Coppia di porta candele a una fiamma ametista scuro, intorno alla bocca una ghirlanda di fruttini colorati, base costolata con due fili.

46
Alzatina con fruttini
Murano, primo '900, manifattura non identificata
Fruitstand with fruit
Murano, early XX century, maker unidentified
h. cm 19 l. cm 15
Coppa ametista scuro, giunto a balaustro con a tre quarti una doppia ghirlanda di fruttini colorati, piede con orlo ribattuto all'ingiù.

47
Brocca verde con applicazioni
Murano, 1890 ca., M. Q. Testolini
Decorated green jug
Murano, c. 1890, M. Q. Testolini
h. cm 21,5 l. cm 18
Corpo schiacciato verde chiaro con due fili e gemme piccole e grandi alternate acquamarina con foglia d'oro, manico vuoto a doppia ansa con morisa pinzata acquamarina con foglia d'oro.

48
Bottiglia acquamarina con applicazioni
Murano, 1890 ca., Fratelli Toso
Decorated acquamarine bottle
Murano, c. 1890, Fratelli Toso
h. cm 26 l. cm 12
Corpo rigadin retorto a polveri acquamarina con foglia d'oro, sul collo due archetti con morise in cristallo con foglia d'oro, sul corpo quattro mandorle con mora al centro alternate a quattro more, piede ricavato dal corpo.
Cfr. Catalogo Fratelli Toso, n. 835.

49
Ampolla fumé
Murano, 1885 ca., M. Q. Testolini
Small fumé jug
Murano, c. 1885, M. Q. Testolini
h. cm 25,2 l. cm 7
Corpo a piramide con base tondeggiante, fumé con inclusioni di foglia d'oro; morisa sul collo, orlo del piede ribattuto all'ingiù, tappo a cuspide con morisa e mora sulla punta.

50
Bottiglia fumé con applicazioni
Murano, 1890-1900, Compagnia Venezia-Murano
Decorated fumé bottle
Murano, 1890-1900, Compagnia Venezia-Murano
h. cm 33 l. cm 16
Corpo fumé del tipo "fiasca del pellegrino" con lungo collo e corpo schiacciato

decorato da morise incrociate e more con foglia d'oro, tappo schiacciato con filo ondulato e mora, filo ondulato sul bordo del piede.
Cfr. Catalogo CVM, n. 402; Molmenti 1903.

51
Due compostiere nere con fruttino
Murano, primo '900, Fratelli Toso
Two black compote dishes with fruit
Murano, early XX century, Fratelli Toso
h. cm 33,5 l. cm 14; h. cm 34 l. cm 15
Corpo ametista scurissimo con filo in smalto bianco sull'orlo, coperchio con pera colorata a polveri e foglia in smalto bianco coperto di verde, nodo costolato, piede con filo in smalto bianco sull'orlo.
Cfr. Catalogo Fratelli Toso, n. 2844.

52
Vaso con murrine e delfino
Murano, 1890 ca., Fratelli Toso
Vase with murrine and dolphin
Murano, c. 1890, Fratelli Toso
h. cm 24 l. cm 11
Corpo in cristallo con murrine policrome sparse liberamente, a tromba con bordo ondulato e pinzato, fusto a forma di delfino in cristallo con foglia d'oro, occhi di murrina.
Cfr. Catalogo Fratelli Toso, n. 680.

53
Piccolo vaso con delfino
Murano, 1890 ca., Fratelli Toso
Small vase with dolphin
Murano, c. 1890, Fratelli Toso
h. cm 18 l. cm 8
Corpo a cratere rigadin retorto a polveri verdi con foglia d'oro con manici squadrati in cristallo con foglia d'oro, poggiato sulla coda di un delfino in cristallo con foglia d'oro, occhi di murrina, piede come il vasetto con orlo ribattuto all'ingiù; etichetta originale sotto il piede: "Murano - Venezia N° 700".
Cfr. Catalogo Fratelli Toso, n. 700.

54
Piccolo vaso con fiore
Murano, 1890 ca., prob. Napoleone Candiani
Small vase with flower
Murano, c. 1890, prob. Napoleone Candiani
h. cm 21,5 l. cm 8
Corpo a bulbo a polveri verdi e rubino, bordo a sei punte tirate, manici a catenella in cristallo con foglia d'oro, giunto in cristallo, sei foglie a polveri verdi con foglia d'oro tenute da due fiori a cinque petali in cristallo con foglia d'oro, fusto verde retorto, piede rigadin retorto a polveri verdi e rubino.

55
Piccolo vaso con delfino
Murano, 1890 ca., Fratelli Toso
Small vase with dolphin
Murano, c. 1890, Fratelli Toso
h. cm 21 l. cm 10
Corpo a bulbo a polveri verdi con bocca ondulata e pinzata, due piccoli manici con morise in cristallo con foglia d'oro, giunto di cristallo, fusto a forma di delfino con la coda ripiegata e la bocca verso l'alto, piede costolato a polveri verdi e rubino con orlo ribattuto all'ingiù.
Cfr. Catalogo Fratelli Toso, n. 721.

56
Vaso a forma di cigno
Murano, 1895 ca., Giulio Salviati & C.
Vase in the shape of a swan
Murano, c. 1895, Giulio Salviati & C.
h. cm 24 l. cm 8
Corpo a polveri sfumate verde e rubino con foglia d'oro, a forma di cigno con ali spiegate, coda allungata e trasformata in una coppa a tromba con bordo ondulato e pinzato, occhi di murrina, becco in cristallo, giunto in cristallo, piede a polveri rubino con orlo ribattuto all'ingiù.
Cfr. Catalogo Salviati & C., n. 250. Draghi di Murano 1997, scheda n. 8 (la diversa datazione e attribuzione è dovuta all'uso della colorazione a polveri, più tarda).

57
Compostiera fumé con fruttini
Murano, primo '900, Fratelli Toso
Fumé compote dish with fruit
Murano, early XX century, Fratelli Toso
h. cm 35 l. cm 22
Corpo fumé con strozzatura sul fondo, con filo nero con sotto dodici gocce nere, coperchio con mela colorata a polveri con foglia in smalto bianco coperto di verde, giunto a forma di pera a polveri con foglia, piede con filo nero sull'orlo.

58
Sei calici da vino
Murano, 1890 ca., Compagnia Venezia-Murano
Six wine glasses
Murano, c. 1890, Compagnia Venezia-Murano
h. cm 18 l. cm 7
Bevante verde costolato con strozzatura, decoro a festoni in oro graffito e smalti policromi con fiori stilizzati in smalto bianco, blu e verde, corona di puntini in smalto bianco sotto il bordo, fusto in cristallo, piede verde con puntini in smalto bianco sul bordo.

59
Servizio da dessert
Murano, 1900 ca., manifattura non identificata
Dessert service
Murano, c. 1900, maker unidentified
Coppa grande h. cm 12,2 l. cm 24; sei coppette h. cm 6,5 l. cm 10,8
Coppa violetta con due fili che racchiudono quattro protomi leonine e due more, piede con orlo ribattuto all'ingiù; coppette senza l'orlo ribattuto.

60
Secchiello da ghiaccio
Murano, primo '900, manifattura non identificata
Ice bucket
Murano, early XX century, maker unidentified
h. cm 20 l. cm 23
Corpo ambra con fili applicati incrociati a losanga con all'interno un'applicazione a forma di patera; sui lati due ganci sostengono due grossi anelli rigadin retorto.

61
Brocca a sacchetto con drago
Murano, 1890 ca., Salviati Dr. Antonio
Bag-shaped jug with dragon
Murano, c. 1890, Salviati Dr. Antonio
h. cm 27,5 l. cm 17
Corpo a forma di sacchetto a polveri gialle con foglia d'oro a baloton, collo stretto da un nastro in cristallo costolato, bordo con punte tirate, manico a forma di drago alato con coda a punta di freccia, occhi di murrina, lingua coperta di rubino.
Cfr. Catalogo Salviati & C., n. 1396

62
Brocca con drago
Murano, 1890 ca., Salviati Dr. Antonio
Jug with dragon
Murano, c. 1890, Salviati Dr. Antonio
h. cm 24 l. cm 22
Corpo schiacciato verde con foglia d'oro e schegge rubino, otto more sulla circonferenza, filo ondulato alla base del collo, manico a forma di drago alato in cristallo costolato con foglia d'oro, coda a punta di freccia attorcigliata sul

collo della brocca, occhi di murrina e lingua coperta di rubino.
Cfr. Catalogo Salviati & C., n. 1114a.

63
Piatto da parata con frutta
Murano, primo '900, manifatture varie
Display plate with glass fruit
Murano, early XX century, various makers
h. cm 6 l. cm 38
Piatto baccellato a larga tesa ametista a polvere di avventurina e con una spirale in avventurina; frutta di varie manifatture con colorazione a polveri, in vetro ghiacciato o incamiciato.

64
Due compostiere in cristallo con fruttino
Murano, primo '900, Fratelli Toso
Two compote dishes in clear glass with fruit
Murano, early XX century, Fratelli Toso
h. cm 33,7 l. cm 12; h. cm 35 l. 12,5
Corpo in cristallo costolato, coperchio con fruttino (mela a polveri con foglia e limone in vetro ghiacciato) e filo acquamarina sull'orlo, nodo costolato acquamarina, piede costolato con filo acquamarina sull'orlo.
Cfr. Catalogo Fratelli Toso, n. 2844.

65
Compostiera rossa con fruttino
Murano, primo '900, manifattura non identificata
Red compote dish with fruit
Murano, early XX century, maker unidentified
h. cm 22 l. cm 16
Corpo cilindrico, coperchio con limone in vetro giallo ghiacciato con foglia a polveri verdi, piede a disco con orlo ribattuto all'ingiù.

66
Grande compostiera ambra con frutto
Murano, primo '900, Fratelli Toso
Large amber compote dish with fruit
Murano, early XX century, Fratelli Toso
h. cm 35 l. cm 28
Corpo ambra panciuto, coperchio con pera colorata a polveri e foglia in smalto bianco coperto di verde, piede svasato.

67
Tazza da caffe con piattino
Murano, 1905 ca., Ferro Toso & C.
Coffee cup and saucer
Murano, c. 1905, Ferro Toso & C.
Tazza h. cm 4,8 l. cm 8,5; piattino h. cm 1,4 l. cm 10,4
Tazza e piattino a murrine bianco, turchese e rosa.

68
Tazza da caffe con piattino
Murano, 1910 ca., Fratelli Toso
Coffee cup and saucer
Murano, c. 1910, Fratelli Toso
Tazza h. cm 4,8 l. cm 9; piattino h. cm 1,7 l. cm 12
Tazza e piattino a murrine a scacchiera bianco, arancio e marrone, alternate a bianco, verde e marrone; filo blu sull'orlo di entrambe.
Cfr. Murrine e millefiori 1998, scheda 63.

69
Tazza da caffe con piattino
Murano, 1910 ca., Fratelli Toso
Coffee cup and saucer
Murano, c. 1910, Fratelli Toso
Tazza h. cm 5 l. cm 8; piattino h. cm 1,5 l. cm 11,3
Tazza e piattino a murrine a terrazzo giallo e bianco, alternate a marrone, verde e bianco; filo marrone sull'orlo di entrambe.

70
Tazza da caffe con piattino
Murano, 1905 ca., Ferro Toso & C.
Coffee cup and saucer
Murano, c. 1905, Ferro Toso & C.
Tazza h. cm 5 l. cm 9; piattino h. cm 2 l. cm 10,5
Tazza e piattino a murrine bianco, verde, rosso e blu.

71
Tazza da caffe con piattino
Murano, 1905 ca., Ferro Toso & C.
Coffee cup and saucer
Murano, c. 1905, Ferro Toso & C
Tazza h. cm 5,5 l. cm 8; piattino h. cm 2 l. cm 11,5
Tazza e piattino a murrine bianco e ametista con filo giallo sull'orlo di entrambe.

72
Tazza da caffe con piattino
Murano, 1910 ca., Fratelli Toso
Coffee cup and saucer
Murano, c. 1910, Fratelli Toso
Tazza h. cm 5,5 l. cm 9,5; piattino h. cm 1,5 l. cm 11,5
Tazza e piattino a murrine a strisce verticali alternate bianco su verde e verde su bianco.

Foto di copertina / *Cover plate*:

73
Lucertola a polveri
Murano, 1890 ca., Fratelli Toso
A polveri lizard
Murano, c. 1890, Fratelli Toso
h. cm 8,4 l. cm 17
Corpo rigadin a polveri acquamarina, a forma di lucertola o coccodrillo con la bocca aperta, usabile come portafiori, con tre fili ondulati sul dorso, zampe pinzate in cristallo con foglia d'oro, occhi di murrina.
Cfr. Catalogo Fratelli Toso, n. 1178; Draghi di Murano 1997, schede 88 - 91.

74
Vaso a forma di giglio
Murano, 1900 ca., prob. Fratelli Toso
Vase in the shape of a lily
Murano, c. 1900, prob. Fratelli Toso
h. cm 21 l. cm 14
Corpo in lattimo con macchie di avventurina, a forma di giglio, nello stile della produzione di Tiffany, base a bulbo, ampia bocca pieghettata aperta sul davanti, piede composto da sei foglie in cristallo con venature stampate.

75
Segnaposto a forma di delfino
Murano, 1900 ca., Fratelli Toso
Place-card holder in the shape of a dolphin
Murano, c. 1900, prob. Fratelli Toso
h. cm 12 l. cm 8
Corpo fumé rigadin a forma di delfino con la bocca aperta verso l'alto, usabile come portafiori, e la coda ripiegata con le pinne disposte in modo da tenere un biglietto con il nome del commensale.
Cfr. Catalogo Fratelli Toso, n. 1503.

76
Vaso a forma di delfino
Murano, 1885 ca., Fratelli Barovier
Vase in the shape of a dolphin
Murano, c. 1885, Fratelli Barovier
h. cm 18 l. cm 9,5
Corpo costolato a polveri di avventurina, a forma di delfino in piedi sulla coda con la bocca aperta, piede costolato con orlo ribattuto all'ingiù.

Fotografie e disegni tratti dai cataloghi dell'epoca
Photographs and drawings from contemporary catalogues

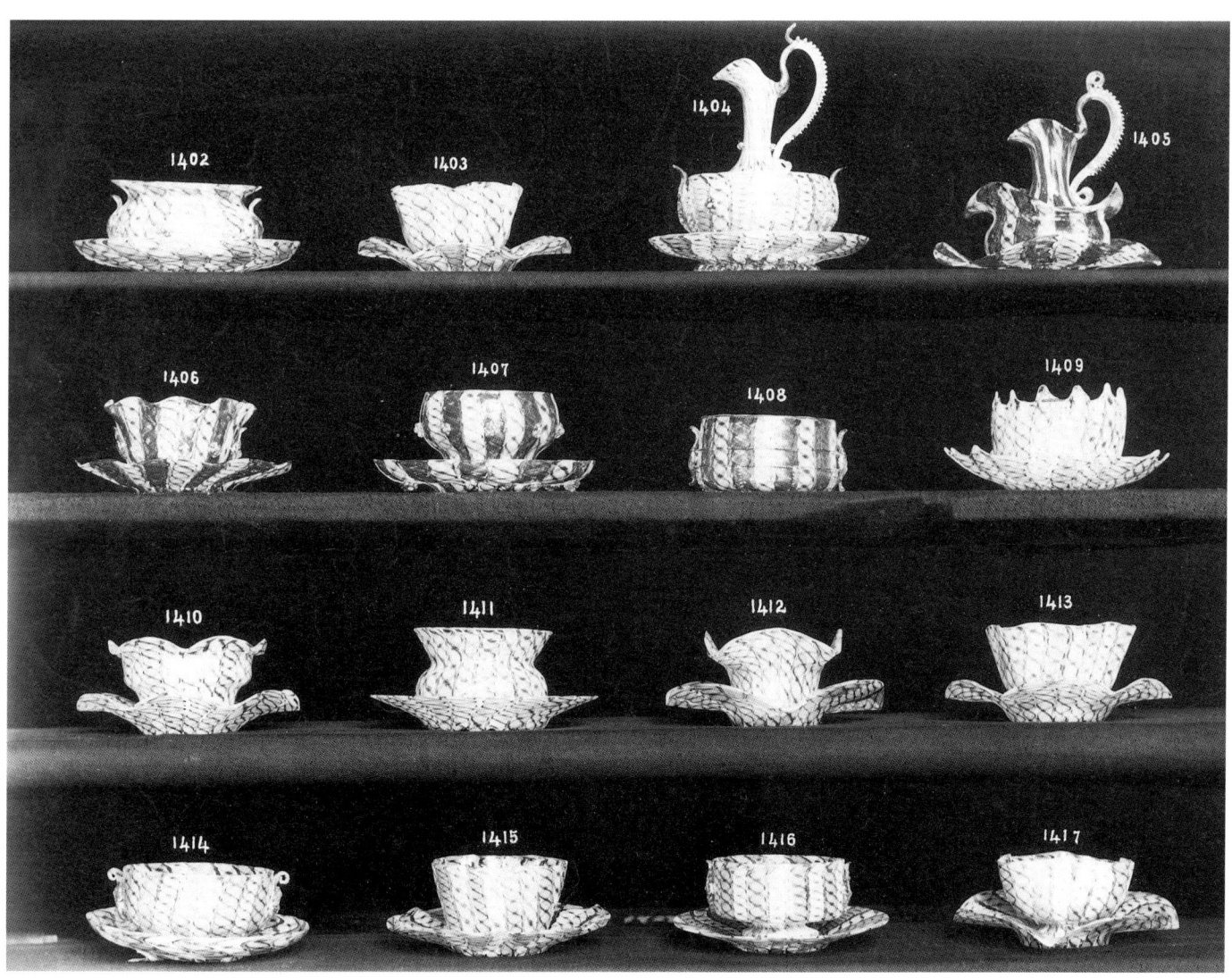

Catalogo fotografico Fratelli Toso, 1900 ca., Archivio Fratelli Toso

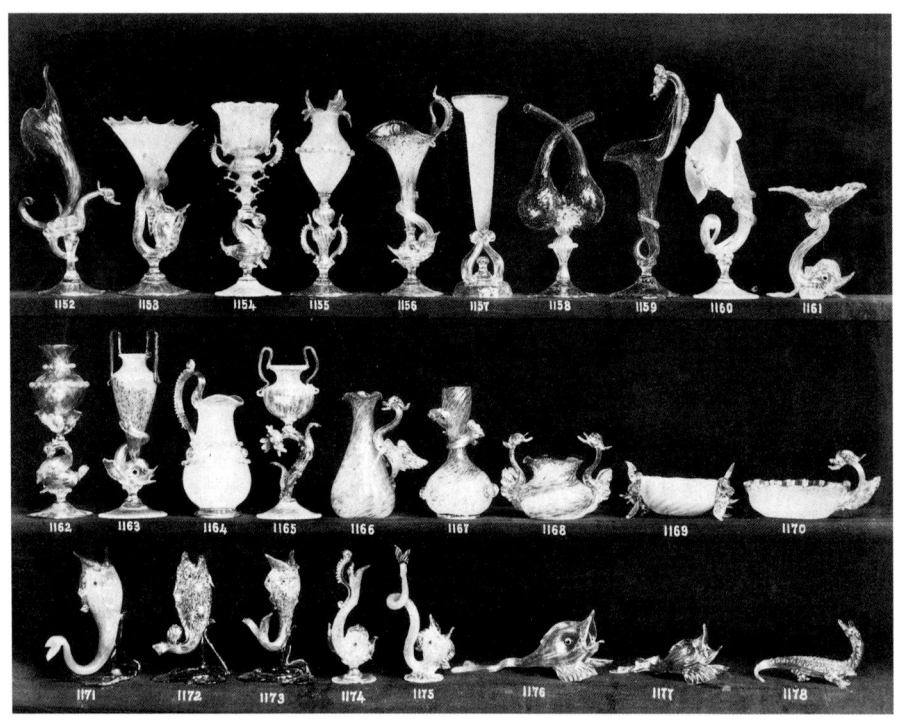

Catalogo fotografico Fratelli Toso, 1900 ca., Archivio Fratelli Toso

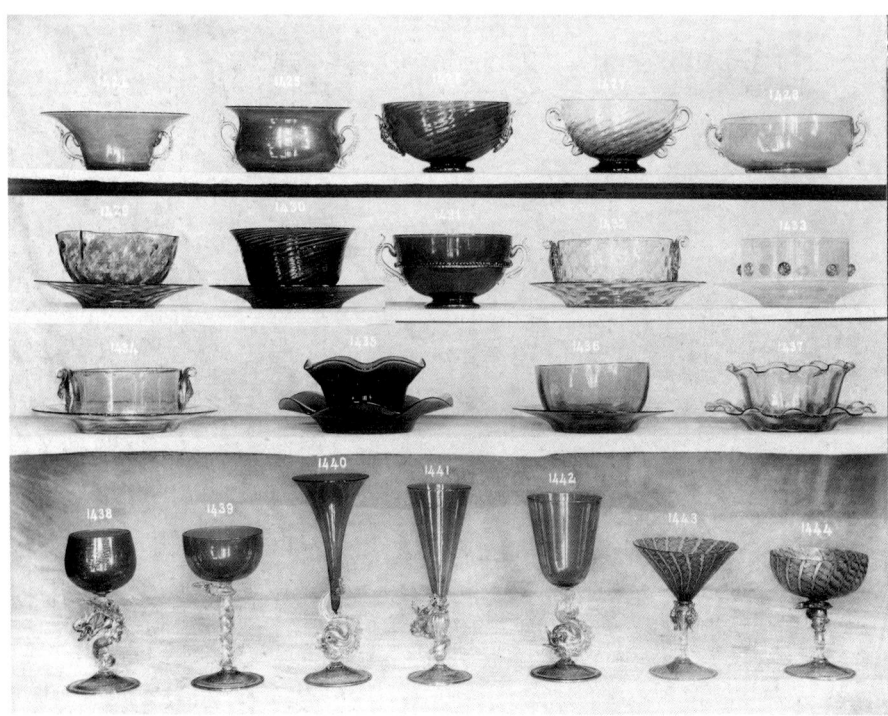

Catalogo fotografico Fratelli Toso, 1900 ca., Archivio Fratelli Toso

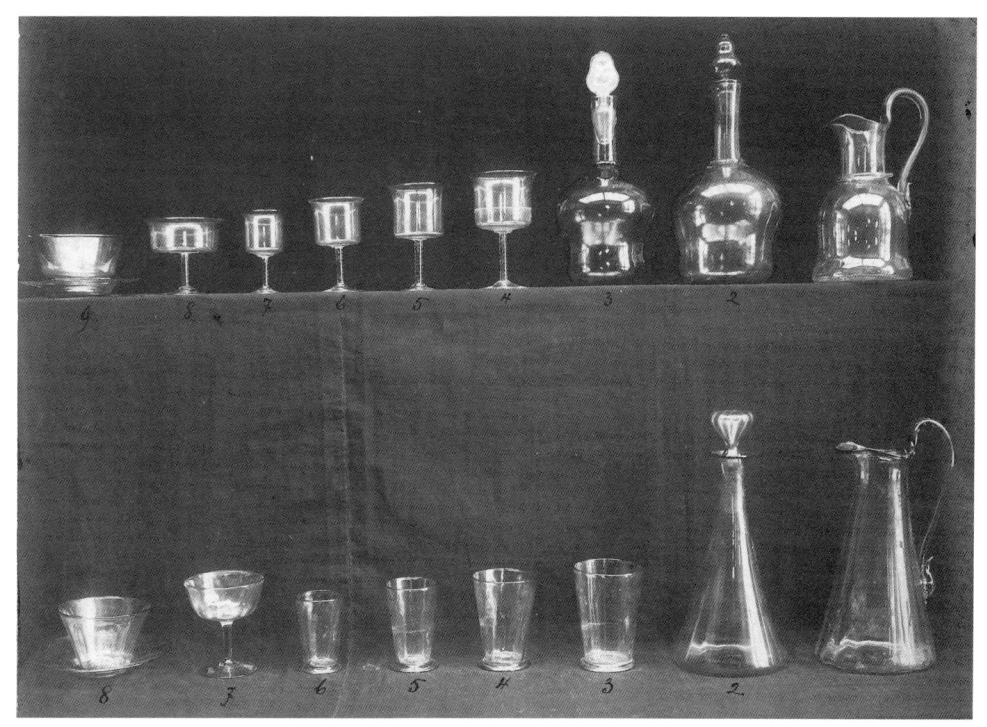

Catalogo fotografico Fratelli Toso, 1900 ca., Archivio Fratelli Toso

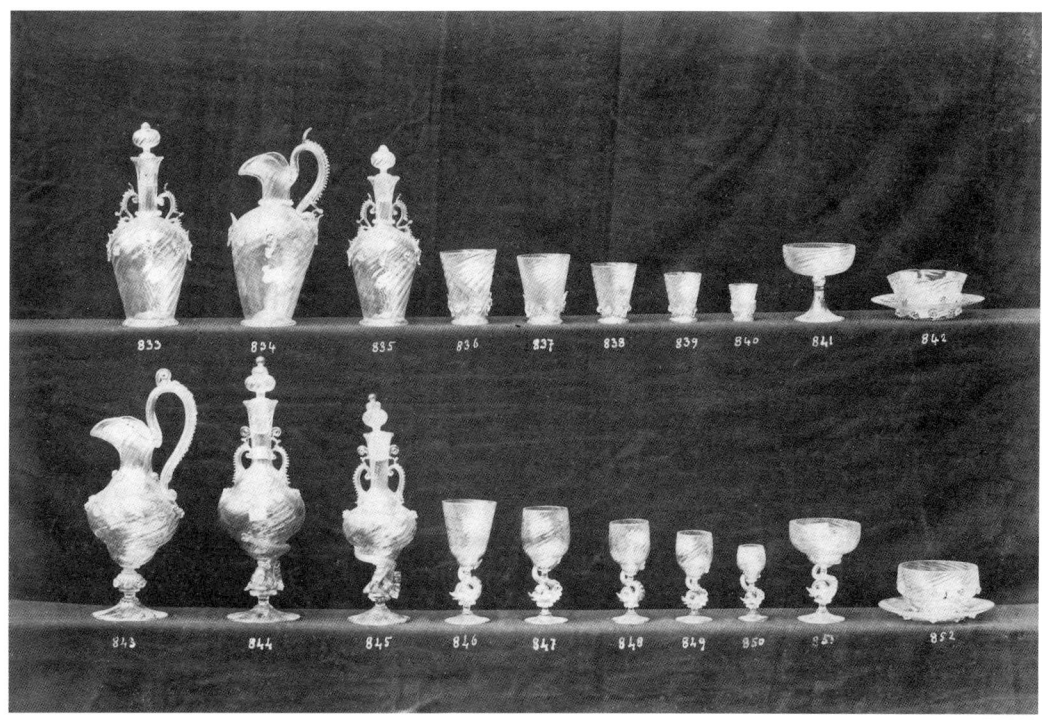

Catalogo fotografico Fratelli Toso, 1900 ca., Archivio Fratelli Toso

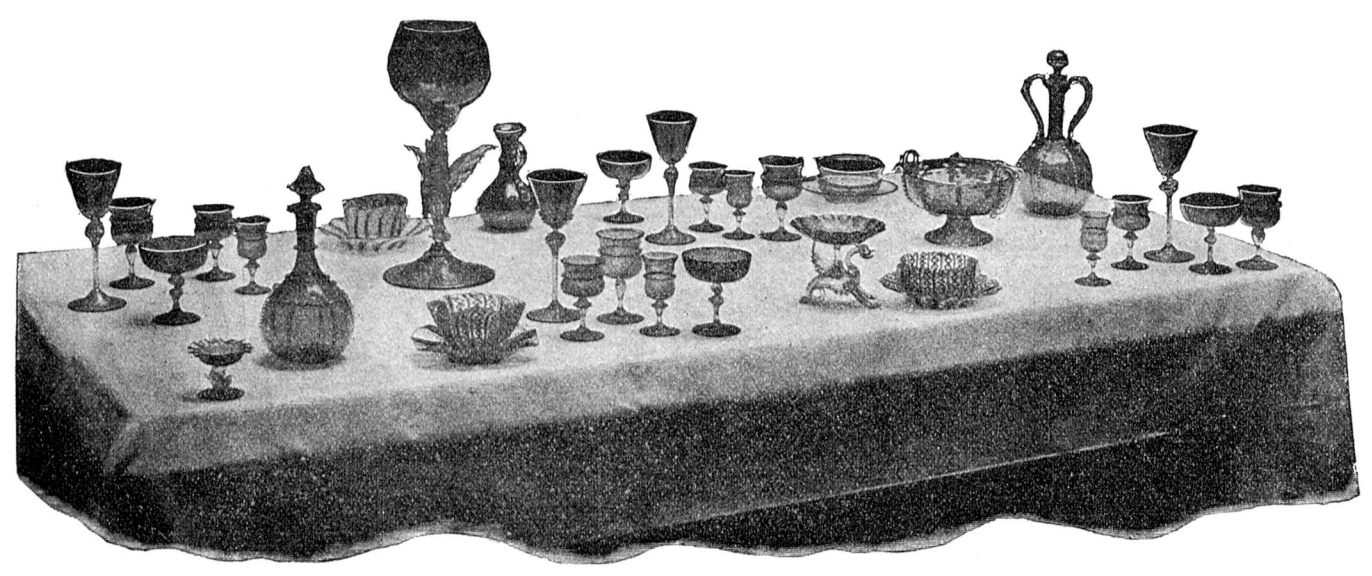

Catalogo a stampa Compagnia Venezia-Murano, 1900 ca., Archivio Fratelli Toso

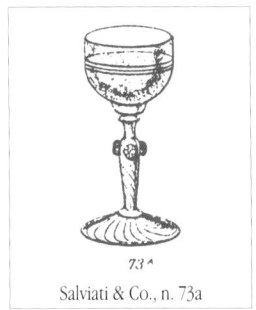

Salviati & Co., n. 73a

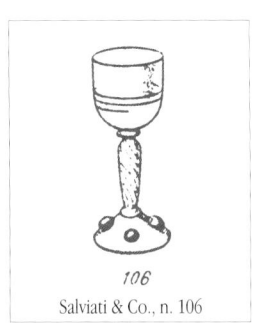

Salviati & Co., n. 106

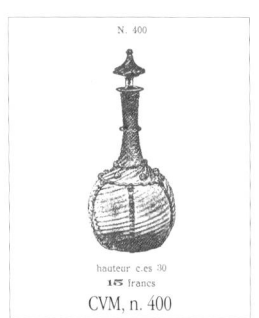

CVM, n. 400

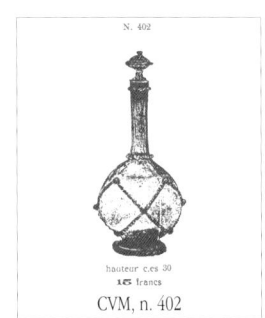

CVM, n. 402

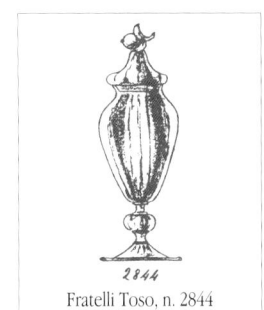

Fratelli Toso, n. 2844

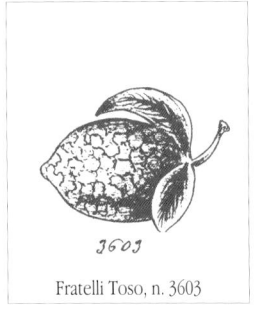

Fratelli Toso, n. 3603

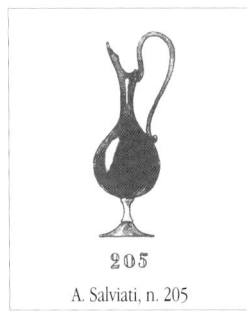

A. Salviati, n. 205

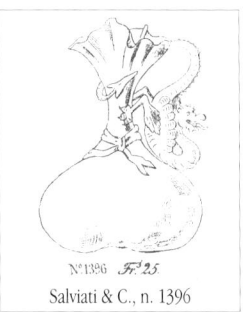

Salviati & C., n. 1396

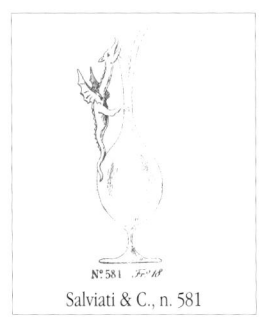

Salviati & C., n. 581

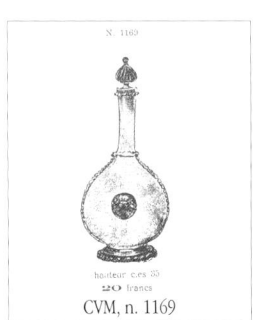

CVM, n. 1169

Bibliografia
Bibliography

BAROVIER MENTASTI 1982
Rosa Barovier Mentasti, *Il vetro veneziano. Dal Medioevo al Novecento*, Milano, Electa, 1982

BAROVIER MENTASTI 1992
Rosa Barovier Mentasti, *Vetro Veneziano 1890-1990*, Venezia, Arsenale, 1992

BARR 1998
Sheldon Barr, *Venetian glass: confections of the glassmaker's art*, prefazione di Marjorie Reed Gordon, New York, Abrams, 1998

BAUMGARTNER 1995
Erwin Baumgartner, *Verre de Venise et "façon de Venise"*, II, catalogo del Musée Ariana, Genève 1995

BICCHIERI DELL'OTTOCENTO 1998
I bicchieri di Murano dell'800, catalogo della mostra, a cura di Aldo Bova, Rossella Junck, Puccio Migliaccio, Venezia, Galleria Rossella Junck, 1998

CATALOGO A. SALVIATI
[Catalogo a stampa senza frontespizio, colorato a mano, pubblicato in SALVIATI 1989], s.l. (Venezia?), s.d. (post 1877?)

CATALOGO CVM
[Catalogo a stampa privo di frontespizio, attribuito alla Compagnia Venezia-Murano sulla base del confronto con MOLMENTI 1903], s.l., s.d. (1900?)

CATALOGO FRATELLI TOSO
[Gruppo di cataloghi a stampa e fotografici conservati presso l'archivio della ditta; descritti in MURRINE E MILLEFIORI 1998], s. l. (Venezia), s.d. (1854 - 1920)

CATALOGO SALVIATI & C.
[Catalogo a stampa privo di frontespizio con l'indicazione del nome della ditta ripetuto su ogni pagina, ristampato poi con la dicitura: *G. Salviati. Verreries artistiques*], s.l. (Venezia?), s.d. (1890?)

CATALOGO SALVIATI & Co.
Salviati & Company Limited Venetian Gallery. Venetian Enamel Mosaic Interior & Exterior Architectural Decorations. Blown Glass Antique Venetian style, for Table, & Ornamental use, & C., London, Groom Wilkinson & C., s.d. (1866?)

CATALOGO TESTOLINI
Prix Courant des Verres Vénitiens. Maison M. Q. Testolini, Vienna, Lunsch, s.d. (1890?)

DORIGATO 1983
Attilia Dorigato, *Murano. Il vetro a tavola ieri e oggi*, catalogo della mostra, supplemento a «Civici Musei Veneziani d'Arte e di Storia. Bollettino», Venezia, Stamperia di Venezia, 1983

DORIGATO 1985
Attilia Dorigato, *Vetri del Settecento e dell'Ottocento*, Novara, De Agostini, 1985

DRAGHI DI MURANO 1997
Draghi, serpenti e mostri marini nel vetro di Murano dell'800, catalogo della mostra, a cura di Aldo Bova, Claudio Gianolla, Rossella Junck, introduzione di Rosa Barovier Mentasti, Venezia, Junck & Gianolla, 1997

LIEFKES 1994
Reino Liefkes, *Antonio Salviati and the nineteenth-century renaissance of Venetian glass*, in «The Burlington Magazine», CXXXVI, maggio 1994, n. 1094, pp. 283-290

LIEFKES 1997
Reino Liefkes, *Glass*, London, Victoria and Albert Museum, 1997

MILLE ANNI 1982
Mille anni di arte del vetro a Venezia, catalogo della mostra, a cura di Rosa Barovier Mentasti, Attilia Dorigato, Astone Gasparetto, Tullio Toninato; Venezia, Albrizzi, 1982

MOLMENTI 1903
Pompeo Molmenti, *Murano and its artistic glass-ware*, estratto tradotto in inglese da «Emporium», marzo 1903, Bergamo, Istituto italiano d'arti grafiche, 1903

MURRINE E MILLEFIORI 1998
Murrine e millefiori nel vetro di Murano dal 1830 al 1930, catalogo della mostra, a cura di Aldo Bova, Rossella Junck, Puccio Migliaccio; testi di Rosa Barovier Mentasti, Aldo Bova, Attilia Dorigato, Rossella Junck, Giovanni Sarpellon; Venezia, Galleria Rossella Junck, 1998

SALVIATI 1982
Antonio Salviati e la rinascita ottocentesca del vetro artistico veneziano, catalogo della mostra, a cura di Rosa Barovier Mentasti, introduzione di Giovanni Mariacher, Vicenza 1982

SALVIATI 1989
Salviati, il suo vetro e i suoi uomini, a cura dell'Associazione per lo studio e lo sviluppo della cultura muranese e Giovanni Sarpellon, Venezia, Stamperia di Venezia, 1989

TAGLIAPIETRA 1979
Silvano Tagliapietra, *Cronache muranesi 1. La magnifica comunità di Murano 1900-1925*, Verona, Bortolazzi-Stei, 1979

TAGLIAPIETRA 1985
Silvano Tagliapietra, *Cronache muranesi. Murano dalla "Marsigliese" alla "Bella Gigogin". L'Ottocento*, Venezia, Helvetia, 1985

THEUERKAUFF-LIEDERWALD 1994
Anna-Elisabeth Theuerkauff-Liederwald, *Venezianisches Glas der Kunstsammlungen der Veste Coburg*, presentazione di Joachim Kruse, s.l. [Coburg], Luca, 1994

VETRI DELL'OTTOCENTO 1978
Vetri di Murano dell'800, catalogo della mostra, a cura di Rosa Barovier Mentasti, Venezia, Alfieri, 1978

VETRI DEL SETTECENTO 1981
Vetri di Murano del '700, catalogo della mostra, a cura di Attilia Dorigato, Venezia, Alfieri, 1981

ZANETTI 1866
Vincenzo Zanetti, *Guida di Murano e delle celebri sue fornaci vetrarie*, Venezia, Antonelli, 1866

ZECCHIN 1987-1990
Luigi Zecchin, *Vetro e vetrai di Murano*, a cura dell'Associazione per lo studio e lo sviluppo della cultura muranese e Paolo Zecchin, Venezia, Arsenale, 3 voll., 1987, 1989, 1990

Finito di stampare nel mese di Maggio 1999
presso EBS – Editoriale Bortolazzi Stei
San Giovanni Lupatoto (Verona)